名言だけで
英語は話せる！

菊間ひろみ
Hiromi Kikuma

幻冬舎

まえがき

I wish I were a bird.

　この文は私が高校生のときに、多くの学習参考書で見かけた文章です。
「鳥だったらいいのに」なんて、子どもならまだしも、高校生になって考える人はいるのかな、と不思議に思っていました。それから30年以上英語を使ってきましたが、当然のことながら、この文章を言ったことも聞いたこともありません。

　このように英語を学ぶための本や参考書には、実生活では使えない英語の例文が山ほどあります。このような英語を学ぶのは時間がもったいないばかりか、何も身につかないというのが現実なのです。

　英語でコミュニケーションをするには、まず英語特有の「基本文型」をいくつか覚える必要があります。
　そこで本書では、**英語を学ぶうえで必要な基本文型**（文法）をすべてのせて解説しています。これは中学、高校の６年間に**学ぶ英語に相当します**。
　これらをしっかり頭に入れれば、**自分の言いたいことが英語でスムーズに言えるようになること**、請け合いです。
　そして、せっかく「基本文型」を覚えるからには、**共感でき、心に響くような名言が最適**だと思い、英文はすべて名言から選びました。実際に著名人が発言した言葉ばかりですから、

すべて生きた英語です。

> You make a living by what you earn; you make a life by what you give.
> 人は稼(かせ)いだもので生計を立て、与えるもので人生をつくる。

　上記の例文は、第61、63代イギリス首相、ウィンストン・チャーチルの名言です。関係代名詞whatを使った例文としてわかりやすいだけでなく、名言が伝えるメッセージが、生きる指針として皆さんの記憶に残りやすいはずです。
　そこで本書では、英語を話すのに最適な「基本文型」を80項目に厳選し、1つの項目に名言の英文を複数のせました。
　名言のテーマは、夢、成功、リーダーシップ、決断などバラエティーに富んでいますので、最後まで「ふむふむ」と楽しみながら読んでいただけると思います。

　時間のあるときは、英語の名言を声に出して読むと、暗記しやすくなり、より実践的に使えるようになるでしょう。

　これまで私は、たくさんの名言に出会ってきました。そのたびに大切な教えを学び、救われ、勇気をもらいました。
　名言の中には、私の人生を大きく変えるきっかけになったものもあります。
　本書でご紹介した「基本文型」と名言により、**皆さんの英語力が飛躍的に伸びるだけでなく、人生までもが大きくステップアップする**ことを心より願っております。

名言だけで英語は話せる！
Contents

まえがき　　3

1 まずは事実を正確に話す！

01	**I do**　習慣について話す	12
02	**It does**　物事の真理について話す	15
03	**I am doing**　今していることについて話す	18
04	**I did**　過去の出来事を話す	21
05	**I have done**　過去から今まで継続していることについて話す	24
06	**I have done**　今までの結果を話す	27
07	**I have done**　経験を話す	30
08	**I will do**　予想を話す	33
09	**I'm going to do**　意図や確実な予想を話す	36

2 助動詞を使ってワンランク上の英語にする！

10	**I can do**　可能性について話す	40
11	**I have to do**　義務について話す	43
12	**I must do**　義務について話す	45
13	**I must not do**　「〜してはいけない」と言う	48
14	**I should do**　「〜したほうがいい」と言う	51
15	**I may do**　「〜かもしれない」と推測する	55

3 仮定法だって言える！

16	**If I do** 実現の可能性があることを仮定する	60
17	**If I did** 想像上のこと・現在の事実に反することを仮定する	63
18	**I wish I did** 現在の事実に反することを望む	66
19	**I wish I had done** 過去の事実に反することを望む	69

4 使える構文を覚えてしまう！

20	**Do it. / Don't do it.** 命令する	74
21	**It is done** 「〜される」と受け身の文を言う	77
22	**There is/are** 「〜がある」と言うとき	80
23	**give you anything** 目的語を2つ並べて「人にものを〜する」ときに言う	83
24	**consider A B** 「AをBと考える」と言う	86
25	**make you feel** 「人に〜させる」ときに言う	89
26	**let them know** 「人・ものに（許可して）〜させる」ときに言う	92
27	**not A but B** 「AでなくB」と言う	94
28	**not only A but also B** 「AだけでなくBも」と言う	97
29	**ask what you can do** 疑問文を別の文章に加える	100
30	**no matter what** 「どんなに〜でも」と言う	103

5 不定詞・動名詞を使って表現の幅を広げる！

31	**doing** 「〜すること」という意味で、動詞を名詞のように使う	108
32	**to do** 「〜すること」という意味で、動詞を名詞のように使う	111
33	**I want to do** 「〜したい」と言う	113
34	**It is fun to do** 「〜することは〜だ」と言う	116

35	It takes 20 years to do 「～するのに～かかる」と言う	119
36	the best way to do 「to+動詞」を使って名詞を説明する	122
37	It's time to do 「～するときだ」と言う	125
38	to do 「～するために」と目的を言う	128
39	how to do 「～する方法」と言う	131

6 比較の表現も言える！

40	as important as　2つを比較して「同じくらい～だ」と言う	136
41	not as important as 2つを比較して「～ほど～ではない」と言う	139
42	twice as much as 2つを比較して「～は～の2倍だ」と言う	142
43	A is worse than B 2つを比較して「AはBより～だ」と言う	145
44	the most important　3つ以上の中で「一番～だ」と言う	148
45	the more~, the more~ 「～すればするほど～だ」と言う	151
46	not~any longer 「これ以上～ない」と言う	154

7 「十分～だ」「～すぎる」と伝える！

47	too late to do 「～するには～すぎる」と言う	158
48	brave enough to be 「～するのに十分～だ」と言う	161

8 違いを見極める！

49	be/get used to it と used to do の違い	166
50	many と much の違い	169
51	a few と a little の違い	172

| 52 | yetとstillの違い | 175 |
| 53 | either A or Bとneither A nor Bの違い | 178 |

9 会話に使える前置詞を覚える！

54	during our darkest moments 「〜の間」と言う	182
55	like riding a bicycle 「〜のようだ」とたとえる	185
56	by altering his thinking 「〜によって」と手段を言う	188
57	without an eraser 「〜なしで」と言う	191
58	except little by little 「〜以外」と例外を言う	193
59	as a tool 「〜として」と役割を言う	196

10 whenやbecauseを使って長い文も言える！

60	when things are perfect 「〜するとき」と言う	200
61	as soon as you trust 「〜したらすぐに」と言う	203
62	while there's life 「〜している間」と言う	206
63	before we get too old 「〜する前に」と言う	209
64	until it's done 「〜するまで」と言う	211
65	because we're happy 「〜だから」と理由を言う	214
66	so powerful that 「非常に〜だから〜だ」と原因と結果を言う	217
67	although the world is full of suffering 「〜だけれども」と言う	220
68	as long as you do not stop 「〜する限り」と条件を言う	223
69	unless you are unhappy 「〜でない限り」と条件を言う	226
70	so that you can be understood 「〜するように」と目的を言う	229

71	whether you get up 「〜かどうか」と言う	232
72	that's why 理由を述べて「そういうわけで」と言う	235
73	otherwise 「そうでなければ」と仮定する	238

11 関係詞だって使える！

74	an amateur who didn't quit whoを使って「人」を説明する	242
75	a business that makes nothing but money thatを使って「もの」を説明する	245
76	the shots you don't take 関係代名詞を省略して「もの」を説明する	248
77	what you earn whatを使って「〜すること」と言う	251
78	where you are whereを使って「〜する場所」と言う	254
79	whoever is happy whoeverを使って「〜は誰でも」と言う	257
80	whatever you do whateverを使って「〜は何でも」と言う	260

あとがき　263

装　丁／デジカル（萩原弦一郎、戸塚みゆき）
ＤＴＰ／美創

まずは事実を
正確に話す！

01 I do
習慣について話す

I **don't dream** at night. I **dream** all day; I **dream** for a living.

私にとって夢は夜見るものではない。私は1日中夢を見ている。夢を見るのが仕事なのだ。

スティーブン・スピルバーグ／アメリカの映画監督・プロデューサー

Vocabulary □ for a living 生計のために

☺「夢を見るのが仕事」なんてカッコよすぎですね。男性が目をキラキラさせながらこのセリフを言ったら、女性のハートを鷲づかみなのでは!?

文法の説明

仕事、趣味のような習慣的にしていることを言うとき、動詞は現在形（do）を使います。頻度を表す副詞usually、often、sometimesなどと共によく使います。現在形を使った否定文はI don't、疑問文はDo you ～？です。

例文の「私は1日中夢を見ている」の「見ている」につられてI'm dreamingと言わないように注意しましょう。「今まさに夢を見ている最中」という意味になってしまいます。

習慣的なことを言っているので、**I don't dream、I dream**と現在形を使います。

I don't dream at night. I dream all day.
　don't＋動詞の原形　　　　　　　現在形

現在形を使った他の名言

I never waste time looking back.
私は決して過去を振り返るような時間の無駄遣いをしません。

エレノア・ルーズベルト／第32代アメリカ大統領フランクリン・ルーズベルトの夫人

Vocabulary　　☐ waste time 時間を無駄にする
　　　　　　　　☐ look back 振り返る

☺ 過去の失敗や過ちを振り返っても意味がないとわかっているのに、気がつくと考えている自分がいます。そういう時間は無駄だと自分に言い聞かせて、もっと有意義なことに時間を使うよう心がけたいと思います。

I never worry about action, but only inaction.
行動を起こしているなら、私には何も不安はない。不安になるのは、行動を起こしていないときだけだ。

ウィンストン・チャーチル／第61、63代イギリス首相

Vocabulary　　☐ worry about ～について心配する
　　　　　　　　☐ inaction （名）何も行動を起こさないこと

☺ 行動しないことが一番悪い。とにかく「行動あるのみ！」です。

I usually **make up my mind** about a man in ten seconds, and I very rarely **change** it.

私はたいてい10秒で人を見抜きます。そしてその見方が変わることはめったにありません。

マーガレット・サッチャー／イギリス初の女性首相

Vocabulary
- [ ] make up my mind 決心する
- [ ] rarely （副）めったに〜ない

☺10秒で人物を見極めてしまうなんて、鉄の女（Iron Lady）の異名を持つサッチャーらしいセリフです。相当怖い女性に思えますが、素顔は息子を溺愛する超親バカで、我が子をドラ息子に育てあげてしまったとか。

I always **like** to look on the optimistic side of life, but I am realistic enough to know that life is a complex matter.

私は常に人生の楽観的な面を見ようと努めているが、人生の複雑さを理解する現実主義者でもある。

ウォルト・ディズニー／アメリカの映画製作者

Vocabulary
- [ ] look on the optimistic side 人生の楽観的な面を見る
- [ ] realistic （形）現実主義的な
- [ ] complex matter 複雑な問題

☺楽観主義者と現実主義者の両面を持っていないと、人を楽しませ、かつビジネスで成功を収めることはできないのかもしれませんね。

02 It does
物事の真理について話す

Money **does not change** men, it only **unmasks** them.
お金が人を変えるわけではありません。人の仮面をはがすだけです。

ヘンリー・フォード／フォード・モーターの創業者

Vocabulary □ unmask（動）〜の仮面をはがす

☺ 大金を手にすると、人は変わるのかと思っていました。でも実際は、大金が人を変えるのではなく、化けの皮がはがれて本性が現れるだけという説明、納得です！

文法の説明

　例文の「お金が人を変えるわけではない」のように、**物事の真理を言うときも動詞は現在形（do）を使います**。主語が三人称単数のときには、動詞の原形に-s, -esをつけます。否定文はIt doesn't、疑問文はDoes it 〜 ? です。疑問文や否定文のときの動詞は原形にします。

　例文ではお金の本質を説明しているので、Money does not changeと現在形を使います。

Money **does not change** men, it only **unmasks** them.
　　　doesn't+動詞の原形　　　　　　　　　動詞の原形+-s

現在形を使った他の名言

Intense love **does not measure**, it just gives.
強い愛は分け隔てをせず、ただ与えるのみです。

マザー・テレサ／ノーベル平和賞を受賞したカトリックの修道女

Vocabulary
- intense （形）（感情などが）激しい
- measure （動）〜を測る

☺ ひたすら愛を与え続ける。実践するのは容易ではありませんが、まずは身近な家族や友人から始めてみましょう。

The optimist **sees** opportunity in every danger; the pessimist **sees** danger in every opportunity.
楽観主義者はどんな危険の中にもチャンスを見出し、悲観論者はどんなチャンスも危険とみなす。

ウィンストン・チャーチル／第61、63代イギリス首相

Vocabulary
- optimist （名）楽観主義者
- opportunity （名）機会
- danger （名）危険
- pessimist （名）悲観論者

☺ 第二次世界大戦中首相になり、イギリスを勝利に導いた指導者の言葉だけに重みがあります。

　悲観論者でいるのは簡単ですが、楽観主義者でいるには、どんな悲惨な状況でもチャンスを見出そうとする強い意志が必要なのでしょう。

A great man shows his greatness by the way he treats little men.

人の偉大さは、身分が低い人への接し方に表れる。

トーマス・カーライル／スコットランドの歴史家・評論家

Vocabulary　□ the way + 主語 + 動詞　〜が〜するやり方
　　　　　　　□ treat（動）〜を扱う

☺真の意味での人格者は、謙虚で、地位や身分で人を判断しません。「実るほど 頭の下がる 稲穂かな」を思い出します。

The mediocre teacher tells. The good teacher explains. The superior teacher demonstrates. The great teacher inspires.

月並みな教師はしゃべるだけ、よい教師は説明し、優れた教師は手本を見せる。卓越した教師はやる気を出させる。

ウィリアム・アーサー・ワード／アメリカの哲学者

Vocabulary　□ mediocre（形）月並みな
　　　　　　　□ superior（形）より優れた
　　　　　　　□ demonstrate（動）（実例・実験などで）説明する
　　　　　　　□ inspire（動）（人）を鼓舞する

☺教師の役割は、生徒のやる気を出させることなのです。私も英語を教える立場として、反省させられます。

03 I am doing
今していることについて話す

When you're **going through** hell, keep going.
地獄の苦しみを味わっているなら、そのまま突き進め。

ウィンストン・チャーチル／第61、63代イギリス首相

Vocabulary
- go through （苦しみなど）を経験する
- keep doing （動）〜し続ける

☺ 第二次世界大戦中、危機に瀕していたイギリスを指揮するなど、地獄を経験したチャーチルだからこそ、「地獄にいても突き進め」という言葉に説得力を感じます。どんな状況にいても、歩みを止めてはいけないと心に刻みましょう。

文法の説明

「今まさにしていること、現在進行中のプロジェクト」について言うとき、現在進行形「is/am/are＋動詞の原形＋ -ing」を使います。習慣的なことを表す現在形と区別しましょう。現在進行形の否定文はI'm not doing、疑問文はAre you doing〜？です。

例文では、When you're going through hellで現在進行形を使い、「今まさに地獄の苦しみを味わっている」という意味を表しています。

When you're going through hell, keep going.
　　　　are＋動詞の原形＋-ing

現在進行形を使った他の名言

If you don't fail now and again, it's a sign you're playing it safe.

時に失敗していなければ、安全策ばかり取っている証拠だ。

ウディ・アレン／アメリカの映画監督・俳優

Vocabulary
- [ ] fail （動）失敗する
- [ ] now and again　時々
- [ ] sign （名）しるし
- [ ] play it safe　危険を冒さない

☺ 失敗の少ない人生のほうがよいと思われがちですが、挑戦してこなかった人生とも言えるかもしれません。

You'll never find a rainbow if you're looking down.

下ばかりを向いていたら、絶対に虹を見つけられないよ。

チャールズ・チャップリン／イギリスの映画監督・俳優

☺ 辛いときや苦しいときは、どうしてもうつむき加減になってしまいます。そのようなときは、この言葉を思い出し、背筋を伸ばして空を見上げましょう！

I think we're having fun. I think our customers really like our products. And we're always trying to do better.

私たちは楽しんで仕事をしている。お客さんは私たちの製品をすごく気に入ってくれている。そして私たちは、常に上を目指している。

スティーブ・ジョブズ／アップル社の共同創業者

Vocabulary
- [ ] have fun 楽しむ
- [ ] product （名）製品
- [ ] try to do （動）〜しようとする

☺ we're always trying to do better は特殊な使い方です。I always do なら「いつも〜する」と習慣を表しますが、I'm always doing は、通常「〜してばかりいる、〜してばかりいて困る」というニュアンスを含みます。たとえば、I'm always forgetting my glasses.（いつもメガネを忘れて困る）のように使います。しかし、ジョブズの名言は、通常の使い方ではなく、常に上を目指していることを強調しているようです。

楽しいと思えることを仕事にしている、あるいは自分の仕事を心から楽しんでいる。人生で大事なことは、実はこのようにすごくシンプルなことなのかもしれませんね。

04 I did
過去の出来事を話す

My life **didn't please** me, so I **created** my life.
私は自分の人生が気に入らなかった。だから自分で人生を創造したの。

ココ・シャネル／「シャネル」の創設者

Vocabulary □ please（動）〜を喜ばせる

😊 波瀾万丈の人生を生きたシャネル。時代に流されず、自らの意志で人生を切り開いていった人の言葉は、ストレートに心に響きます。

文法の説明

過去の出来事を言うとき、動詞を過去形にします。通常はcreated、learnedのように動詞の原形に-edをつけます。gave（giveの過去形）、took（takeの過去形）のように特殊な形を取る動詞もあります。過去形を使った否定文はI didn't、疑問文はDid you 〜 ? です。疑問文や否定文のときの動詞は原形にします。

例文では、My life **didn't please** me（自分の人生が気に入らなかった）、I **created** my life（人生を創造した）と過去形を使って、過去の出来事を語っています。

My life didn't please me, so I created my life.
　　　didn't＋動詞の原形　　　　動詞の過去形

過去形を使った他の名言

I never learned anything while I was talking.

話していたときに学んだことは１つもなかった。

ラリー・キング／アメリカのキャスター・CNNの看板トーク番組のホスト

Vocabulary □ while（接）〜する間

☺看板トーク番組のホストが語る言葉は、さすが奥が深い！人は自分が話しているときでなく、人の話を聞いているときに学ぶのですね。聞き上手（good listener）になるよう心がけたいと思います。

I attribute my success to this — I never gave or took any excuse.

私が成功したのは、決して言い訳をしなかったし、言い訳を聞かなかったからです。

フローレンス・ナイチンゲール／イギリスの看護師

Vocabulary □ attribute A（結果）to B（理由）
　　　　　　　　（動）Aという結果を得たのはBのおかげだ
　　　　　□ success（名）成功
　　　　　□ excuse（名）言い訳

☺今まで「時間がない」「お金がない」という言い訳を何度言ってきたことか……。反省、反省。

1 まずは事実を正確に話す！

Once I made a decision, I never thought about it again.
一度決めたら、絶対に振り返らなかった。

マイケル・ジョーダン／アメリカの元プロバスケットボール選手

Vocabulary　□ once （接）いったん〜したら
　　　　　　　□ make a decision　決断する

☺ バスケットボール界だけでなく、世界のアスリートから尊敬されているマイケル・ジョーダン。一度やると決めたら最後までやり抜く不屈の精神が彼の成功を支えてきたのでしょう。

Two roads diverged in a wood, and I ―
I took the one less traveled by,
And that has made all the difference.
森の中で道が2つに分かれていた。そして私は……
私は人があまり通っていない道を選んだ。
その結果どんなに大きく人生が変わったことか。

ロバート・フロスト／アメリカの詩人

Vocabulary　□ diverge （動）（道などが）分岐する
　　　　　　　□ make all the difference　状況を一変させる

☺ took the oneのoneはroadを指しています。

　これはロバート・フロストのThe Road Not Taken（歩む者のいない道）という詩の最も有名な部分です。私も「歩む者のいない道」を選ぶ勇気を持ちたいと思います。

05 I have done
過去から今まで継続していることについて話す

Everything you've ever **wanted** is on the other side of fear.
あなたが今まで望んできたものはすべて、恐れを克服さえすれば手に入る。

ジョージ・アデール／アメリカのディベロッパー

Vocabulary
- ever （副）今まで
- on the other side of ～の向こう側に
- fear （名）恐怖

☺恐怖の感情が強いと、行動ができなくなるのでしょう。欲しいものを手に入れたければ、まずは心の中に潜む恐怖を克服しなければならないのですね。

文法の説明

過去から今まで継続している状態を表現するとき、現在完了形「have/has＋過去分詞」を使います。このhaveは動詞ではなく助動詞として使われています。「過去分詞」は、通常wanted、achievedのように動詞の原形に-edをつけて表します。been（be動詞の過去分詞）、found（findの過去分詞）のように特殊な形を取る動詞もあります。「継続」を表す現在完了形は、since

（〜以来ずっと今まで）、for（〜の間）という語と共によく使います。

例文では、you've ever wantedと現在完了形を使って「過去から今まで望んできた」ことを表しています。

Everything you've ever wanted is on the other side of fear.
　　　　　　have ＋ 過去分詞

「継続」を表す現在完了形を使った他の名言

All men who have achieved great things **have been** great dreamers.
偉大なことを成し遂げた人は皆、偉大な夢を抱いてきた人間だ。

オリソン・マーデン／アメリカの作家

Vocabulary □ achieve（動）〜を成し遂げる

☺ 夢を見ることの大切さは、項目１のスピルバーグ監督の名言にもありました。偉大なことを成し遂げるためには、偉大な夢を見ることが大前提なのですね。

People cry, not because they're weak. It's because they've **been** strong too long.
人が泣くのは弱いからじゃない。ずっと泣かずに我慢してきたからだ。

ジョニー・デップ／アメリカの俳優

☺ こういうことが言えるジョニー・デップって、心根が優しい人ではないかと思ってしまいます。

Great spirits **have** always **encountered** violent oppositions from mediocre mind.

偉大な精神の持ち主は、凡庸な人間から常に激しい批判を受けてきた。

アルベルト・アインシュタイン／ノーベル物理学賞受賞の物理学者

Vocabulary
- spirit（名）精神
- encounter（動）（困難・危険など）に直面する
- violent opposition 激しい抵抗
- mediocre（形）月並みな

☺ 偉大なことを成し遂げようとするとき、批判されるのは当たり前。周囲からの反対に遭い、心が折れそうになったとき、この言葉を思い出しましょう。

The things that **have been** most valuable to me I did not learn in school.

私が今まで学んできた貴重な教えは、学校で学んだものではなかった。

ウィル・スミス／アメリカの俳優

Vocabulary
- valuable（形）貴重な

☺ 通常の語順とは違っていますので要注意！ 通常の語順はI did not learn in school the things that have been most valuable to me. で、例文はthe things that have been most valuable to meを強調するため文頭に出した言い方です。

　社会に出て仕事をするようになって初めて、自分が学ぶべき知識や技術が具体的にわかるので、ウィル・スミスの言いたいことはよくわかります。

06 I have done
今までの結果を話す

I have not failed. I've just found 10,000 ways that won't work.

私は失敗したのではない。これではうまくいかないという方法を1万回発見しただけだ。

トーマス・エジソン／アメリカの発明家・企業家

Vocabulary
- [ ] fail（動）失敗する
- [ ] way（名）方法
- [ ] work（動）（物事・計画などが）うまくいく

☺ エジソンは白熱電球のフィラメントの材料を探すために6000種の材料を実験して、ようやく竹に出会いました。さらに世界中から1200種類の竹を集めて、日本の竹が最適であることを突き止めました。エジソンは自らこの言葉を実践していたのです。

文法の説明

「今」の視点から過去を振り返り、「結果として〜だ」と、今までの結果について言うときも現在完了形を使います。過去形との違いは、視点が「今」にあることです。現在完了形の否定文はI haven't done、疑問文はHave you done 〜？です。「結果」を表す現在完了形は、already（すでに）、not 〜 yet（まだ〜し

ていない)、just（ちょうど）という語と共によく使います。

　例文では、「今」の視点から過去を振り返り、結果として「失敗していない」「見つけた」と言っているので、I have not failed、I've just foundと現在完了形を使っています。

I have not failed. I've just found 10,000 ways that won't work.
haven't+過去分詞　　have ＋ 過去分詞

「結果」を表す現在完了形を使った他の名言

I have done battle every single day of my life.
これまでの人生で戦わなかった日など１日たりともありません。

マーガレット・サッチャー／イギリス初の女性首相

Vocabulary　☐ battle（名）戦い

☺「戦わなかった日がなかった」なんて壮絶な人生ですね。「鉄の女」と言われたほど強い女性だったからこそ、可能だったのでしょう。

I am not concerned that you have fallen. I am concerned that you arise.
あなたが転んだことはどうでもよいのです。私はあなたが立ち上がることに関心があるのです。

エイブラハム・リンカーン／第16代アメリカ大統領

Vocabulary　☐ concerned（形）関心がある
　　　　　　　☐ fall（動）転ぶ
　　　　　　　☐ arise（動）立ち上がる

☺誰でも挫折したり失敗したりするのは当たり前。そこからどう立ち直るかに、その人の真価が表れるのだと思います。

I've missed more than 9,000 shots in my career. I've lost almost 300 games. 26 times, I've been trusted to take the game winning shot and missed. I've failed over and over and over again in my life. And that is why I succeed.

俺は現役時代9000回以上シュートをミスした。300近い試合に負けた。決勝シュートを任されて26回外した。俺の人生は失敗の連続だった。だからこそ、俺はここまで成功できたんだ。

マイケル・ジョーダン／アメリカの元プロバスケットボール選手

Vocabulary
- miss shots シュートをミスする
- trust＋人＋ to do（動）人に安心して～させる
- over and over again 何度も繰り返して
- that is why
  （前に理由を述べて）そういうわけで～だ

☺伝説のプレーヤーでさえ、こんなに失敗しているのです。凡人なら、繰り返し失敗するのは当たり前。失敗を経験せずに成功することなどないのです。

07 I have done
経験を話す

No one **has** ever **become** poor by giving.
与えたことで貧しくなった人など、これまで1人もいません。

アンネ・フランク／『アンネの日記』の著者

Vocabulary □ by（前）（手段を表して）〜によって

☺「与えることは受け取ること」という教えを耳にします。それにしても10代の少女がこれほど明確に、この考えを持っていたとは驚きです。

文法の説明

現在と過去をリンクさせるときに使う現在完了形は、**経験について言うときにも使います**。「経験」を表す現在完了形は、ever/before（今までに）やnever（一度も〜ない）という語と共によく使います。

例文では、No one has ever become poorと現在完了形を使って、「これまで貧しくなった人はいない」と経験を表しています。主語のNo oneは三人称単数扱いなのでhasを使います。

No one **has** ever **become** poor by giving.
     has　+　過去分詞

「経験」を表す現在完了形を使った他の名言

Anyone who has never made a mistake has never tried anything new.

一度も失敗したことのない人は、新しいことにチャレンジしたことがないだけだ。

アルベルト・アインシュタイン／ノーベル物理学賞受賞の物理学者

Vocabulary □ make a mistake 間違いを犯（おか）す

☺ 勇気をもらえる名言ですね。失敗した回数は、挑戦した回数として誇れるかもしれません。

If you haven't cried, your eyes can't be beautiful.

もしあなたが今までに泣いたことがないとしたら、あなたの目は美しいはずがないわ。

ソフィア・ローレン／イタリアの女優

Vocabulary □ can't ～するはずがない

（「～でない」ということを確信しているときに使う）

☺ 辛く悲しい経験をして涙を流したことがなければ、人の心の機微を理解できず、温かい目で人を見ることができません。そのような目が美しいわけがないと言っているのです。

Quitting smoking is easy. I've done it a thousand times.

禁煙なんて簡単だ。今までに1000回もやったことがある。

マーク・トウェイン／アメリカの作家

Vocabulary □ quit smoking 禁煙する

😊 この名言を見たとき、思わず笑ってしまいました！ 禁煙を試みるのは1000回もできるくらい簡単だと言っています。はたしてマーク・トウェインは禁煙に成功したのでしょうか⁉

Sing like no one is listening, love like you've never been hurt, dance like nobody is watching, and live like it's heaven on earth.

歌いなさい。誰も聴いていないかのように。愛しなさい。一度も傷ついたことがないかのように。踊りなさい。誰も見ていないかのように。生きなさい。ここが天国であるかのように。

マーク・トウェイン／アメリカの作家

Vocabulary
- [ ] like + 主語 + 動詞
  （接）（くだけた表現）〜のように
- [ ] hurt （動）（人）を傷つける

😊 実はこの言葉、ある人気韓国ドラマに使われたものです。いい言葉だと思ってすぐに書き留め、原文の英文を探して見つけました。

08 I will do
予想を話す

Your attitude, not your aptitude, will determine your altitude.

あなたがどこまで高く飛躍できるかを決めるのは、あなたの才能ではなく、態度です。

ジグ・ジグラー／アメリカのモチベーション・スピーカー

Vocabulary
- attitude （名）態度
- aptitude （名）才能
- determine （動）（物・事など）を決定する
- altitude （名）高さ

☺ attitude、aptitude、altitudeという発音が似ている語を意図的に使い、韻を踏ませて言いやすくしているのに気づきましたか？ 「attitude（態度）がaltitude（高さ）を決める」とはうまい表現ですね！

文法の説明

英語の動詞には未来形がないため、他の語を補って未来のことを表します。「予想」を言うとき助動詞willを使います。willの後には動詞の原形が続きます。willを使った否定文はI won't、疑問文はWill you ～？です。

例文では、Your attitude ～ will determine your altitude.と、

willを使って「態度が高さを決めるだろう」と予想を言っています。

> Your attitude, not your aptitude, will determine your altitude.
> will＋動詞の原形

willを使った他の名言

Smile in the mirror.　Do that every morning, and you'll start to see a big difference in your life.
鏡に向かって微笑んで。それを毎朝続けると、人生が大きく変わり始めるのがわかるでしょう。

オノ・ヨーコ／日本生まれのアメリカの芸術家・音楽家

☺「微笑む」というちょっとした行動で人生を大きく変えられるなら、試さない手はないですね！

Ask and it will be given to you; seek and you will find; knock and the door will be opened for you.
求めなさい。そうすれば与えられます。探しなさい。そうすれば見つかるでしょう。たたきなさい。そうすれば扉が開かれるでしょう。

『新約聖書』の「マタイによる福音書」

Vocabulary 　□ seek （動）〜を探す

☺聖書のあまりにも有名な言葉です。「求める、探す、たたく」のは簡単ですが、それを続けるのが難しいのだと思います。途中であきらめずに続けられるかがポイントです。

1 まずは事実を正確に話す！

Twenty years from now you **will be** disappointed by the things that you didn't do than the ones you did do.

20年後、あなたはやったことより、やらなかったことを後悔するでしょう。

マーク・トウェイン／アメリカの作家

Vocabulary
- twenty years from now　20年後
- disappointed　（形）がっかりした

☺ 例文のonesはthingsを意味しています。また、you did doのdidは、動詞の意味を強調するときに使うdoの過去形で、「やった（did）」を強調しています。I talked to him yesterday.（私は昨日彼と話した）のtalkedを強調するときは、I did talk to him yesterday. と言います。

　まさにその通り！　という名言ですね。20年前を振り返って、やっておけばよかったと思うことがたくさんあります。やって後悔することはありません。やらずに後悔することだけは避けましょう！

09 I'm going to do
意図や確実な予想を話す

You can't build a reputation on what you're going to do.

これからやろうと思っていることでは評価は得られない。

ヘンリー・フォード／フォード・モーターの創業者

Vocabulary
- [ ] reputation （名）評判
- [ ] what you're going to do
   あなたがやろうと思っていること

☺ 評価とは過去にしてきたことの積み重ねで作られます。ですから、今までにどのような仕事をしてきたかにかかってくるのです。

文法の説明

「is/am/are＋going to＋動詞の原形」は「〜しようと思っている」という意味で、「意図」や「確実な予想」を言うときに使います。確実に起こるとわかっていることにはwillでなくbe going toを使います。be going toを使った否定文はI'm not going to、疑問文はAre you going to 〜？です。

例文のwhat you're going to doは、are going toで「意図」を表し、「これからあなたがしようと思っていること」という意味で使われています。

1 まずは事実を正確に話す！

You can't build a reputation on what you're going to do.

are going to＋動詞の原形

be going toを使った他の名言

Forget past mistakes. Forget failures. Forget about everything except what you're going to do now and do it.

過去の過ちなど忘れなさい。失敗も忘れなさい。今やろうとしていること以外すべて忘れて、それに集中するのです。

ウィリアム・C・デュラント／ゼネラルモーターズの創業者

Vocabulary
- past mistakes 過去の過ち
- failure (名) 失敗
- except (前) 〜以外

☺ 他のことに惑わされず、今やるべきことに集中しましょう。

When life is real, it's not going to be smooth.

リアルな人生は、スムーズに進まない。

メアリー・J・ブライジ／アメリカのR&B歌手

Vocabulary
- smooth (形) 物事が順調な

☺ 一生懸命に生きていれば、順風満帆などありえない。障害物競走のような人生を肯定できる言葉です。

The truth is, everyone is going to hurt you. You just got to find the ones worth suffering for.

実際のところ、あなたの心を傷つけない人など１人もいない。だから、傷つけられてもいいと思える人を探すんだ。

ボブ・マーリー／ジャマイカのレゲエ歌手

Vocabulary
- [ ] truth （名）真実
- [ ] hurt （動）（人）を傷つける
- [ ] worth doing （形）〜する価値がある
- [ ] suffer （動）苦しむ

☺ 例文のYou just got to findの正しい言い方はYou've got to findです。「have got to + 動詞の原形」は「〜しなければならない」という意味で、口語でよく使われます。the ones worth suffering for（傷つけられてもいいと思える人）という表現がユニークですね。

助動詞を使って
ワンランク上の
英語にする！

10 I can do
可能性について話す

The weak can never forgive. Forgiveness is the attribute of the strong.

弱い人間は人を許すことができない。寛大さとは強い人間の特性なのだ。

マハトマ・ガンジー／インド建国の父

Vocabulary
- [ ] the weak 弱い人
  ※「the+形容詞」で「〜する人」という意味
- [ ] forgive （動）〜を許す
- [ ] forgiveness （名）寛大さ
- [ ] attribute （名）特性

☺ 深い言葉です。人を許すって本当に難しい。許さないことは誰にでもできます。許すという行為は、強い人間こそができる行為なのですね。

文法の説明

助動詞とは、動詞の前に置いて、動詞に意味を添える語を言います。**助動詞canは「〜できる」という意味を持ち、「可能性・能力」を表します。**助動詞の後には動詞の原形が続きます。否定文はI can't、疑問文はCan you 〜 ? です。

例文では、The weak **can never forgive.** でcanを使い、「許す

2 助動詞を使ってワンランク上の英語にする！

ことができない」ことを表しています。

The weak can never forgive.
　　　can　＋　動詞の原形

canを使った他の名言

Believe you can and you're halfway there.
できると信じなさい。そうすれば半分成功したも同然だ。

セオドア・ルーズベルト／第26代アメリカ大統領

Vocabulary　□ halfway （副）中間で

☺ まず、できると信じること。自分を信じることができたら、周りからどんなに反対されようが、成功に向かって突き進めると思います。

Darkness cannot drive out darkness: only light can do that. Hate cannot drive out hate: only love can do that.
闇は闇を追いやることはできない。それができるのは光だけだ。憎しみは憎しみを追いやることはできない。それができるのは愛だけだ。

キング牧師／アメリカの公民権運動の指導者

Vocabulary　□ drive out 〜を追い出す
　　　　　　　□ hate （名）憎しみ

☺ 目からうろこの名言です！　ネガティブなものを消し去るには「目には目を、歯には歯を（Eye for eye, tooth for tooth）」式の報復でなく、相反するポジティブなものによってしかできないということを、この名言で教わりました。

Not all of us can do great things. But we can do small things with great love.

必ずしもすべての人が、偉大なことを成し遂げられるわけではありません。しかし私たちは、大きな愛で小さなことをすることはできるのです。

マザー・テレサ／ノーベル平和賞を受賞したカトリックの修道女

Vocabulary ☐ not all of us
　　　　　　私たちの中の全員が〜だとは限らない

☺勇気づけられる言葉です。偉大なことなどしなくていい。小さなことを、大きな愛を以てすればよいのですから。

You can never cross the ocean until you have the courage to lose sight of the shore.

陸地が見えなくなってもよいと思える勇気を持たない限り、大海原を横断することはできない。

クリストファー・コロンブス／イタリア生まれの探検家

Vocabulary ☐ until（接）〜まで
　　　　　　☐ courage（名）勇気
　　　　　　☐ lose sight of 〜を見失う
　　　　　　☐ shore（名）(海・湖・川の)岸

☺偉大なことを成し遂げるには、それに見合う大きな勇気が必要だということです。

2 助動詞を使ってワンランク上の英語にする！

11 I have to do
義務について話す

You **have to be** unique, and different, and shine in your own ways.

あなたにしかないもので、他の誰とも違っていて、自分なりのやり方で輝かなきゃ。

レディー・ガガ／アメリカの歌手

Vocabulary　☐ unique（形）並ぶもののない
　　　　　　　☐ in your own ways あなた自身の方法で

☺ 強烈な個性を光らせているレディー・ガガ。あの個性は彼女が意識的に創り出したものなのかもしれません。

文法の説明

have toは「〜しなければならない」と「義務」を表します。have toの後には動詞の原形が続きます。have to自体は助動詞ではありませんが、助動詞と似ている意味を持つのでここに取り上げました。否定文のI don't have toは「〜する必要がない」という意味を表します。疑問文はDo you have to〜？です。

例文では、You **have to be** uniqueと「他に並ぶもののない存在でなければならない」と言っています。

You **have to be** unique, and different,
　　have to＋動詞の原形　　　　　　　and shine in your own ways.

43

have toを使った他の名言

Change before you **have to**.
変革せよ。変革を余儀なくされる前に。

ジャック・ウェルチ／ゼネラル・エレクトリック社の元CEO

☺have toの後にchangeが省略されています。

　自ら変革できるかどうか、そしてそのタイミングも重要ですね。

Often you **have to rely on** intuition.
しばしば直感が頼りになる。

ビル・ゲイツ／マイクロソフト社の創業者

Vocabulary　□ rely on 〜に頼る
　　　　　　　□ intuition （名）直感

☺「直感を大切にしろ」とビル・ゲイツが言っていたとは、正直驚きました。

Choose a job you love, and you will **never have to work** a day in your life.
好きなことを仕事にしなさい。そうすれば人生で1日たりとも働かなくてすむ。

孔子／中国の思想家

☺好きなことを仕事にするのは、たやすいことではありません。それでもあきらめず、結果的に好きなことを仕事にできたら、それはすごく幸せなことです。

12 I must do
義務について話す

You will never find time for anything. You **must make** it.

何をするにも、時間は見つけるものではない。作るものだ。

チャールズ・バクストン／イギリスの作家・醸造家

Vocabulary　☐ make time（〜する）時間を作る

☺ 辞書にはfind timeとmake timeは同じ意味だと記載されていますが、チャールズ・バクストンは異なる解釈をしているようです。make timeのほうが強い意志を感じる表現です。

文法の説明

「〜しなければならない」と「義務」を言うとき、助動詞mustも使えます。mustの後には動詞の原形が続きます。否定文のI mustn'tは、「〜してはいけない」と禁止を意味します。詳しくは項目13で取り上げます。mustを使った疑問文はほとんど使われず、代わりにhave toを使いDo you have to 〜？と言います。

　mustと項目11で取り上げたhave toとの違いをここで確認してください。have toもmustも「義務」を表しますが、have toは仕事の内容や規則などの「客観的な事実」を、mustは自分の気持ちといった「主観的なこと」を表すときに使います。

例文では、客観的な事実というより、「時間を作らなければならない」と自分の気持ちを表しているので、You **must make** it.とmustを使っています。

> You must make it.
> 　must＋動詞の原形

mustを使った他の名言

Good leaders **must** first **become** good servants.
よきリーダーはまず、よく奉仕する人でなくてはならない。

ロバート・グリーンリーフ／アメリカのサーバントリーダーシップの提唱者

Vocabulary　☐ servant（名）奉仕者

☺価値観が多様化した現代では、従来の支配型とは違ったリーダー像が求められつつあります。サーバントリーダーシップとは、リーダーは「まず相手に奉仕し、その後、相手を導くものである」という支援型のリーダーシップ哲学をいいます。

Knowing is not enough; we **must apply**. Willing is not enough; we **must do**.
知っているだけでは十分ではない。それを使わなくてはいけない。
やる気だけでは十分ではない。実行しなければならない。

ゲーテ／ドイツの詩人・作家

Vocabulary　☐ apply（動）応用する
　　　　　　　☐ willing（名）やる気

:) 知っていても実行しなければ、知らないのと同じです。やる気があっても実行しなければ、意味がありません。英語の本をたくさん買っただけで満足している人はいませんか？

You **must be** single-minded. Drive for the one thing on which you have decided.

一途(いちず)な人間であれ。自分が決めた１つのことに専念せよ。

ジョージ・パットン／アメリカの陸軍軍人

Vocabulary　□ single-minded（形）ひたむきな
　　　　　　　□ drive for ～に向かって努力する

:) まずは目標を１つ決めて、それに向かって一途に取り組むこと！　ですね。

Mankind **must put** an end to war, or war will put an end to mankind.

人類は戦争を終わらせなければならない。さもないと戦争が人類を滅ぼしてしまうだろう。

ジョン・F・ケネディ／第35代アメリカ大統領

Vocabulary　□ mankind（名）人類
　　　　　　　□ put an end to ～を終わらせる
　　　　　　　□ or（接）そうでなければ

:) mankind、put an end to、warのたった３つのキーワードだけで、力強いメッセージを伝えている名言です。

　現在も世界のどこかで戦争が起きています。日本も対岸の火事として傍観していられない状況です。人類が自らの手で人類を滅ぼすことなど、決してあってはなりません。

13 I must not do
「〜してはいけない」と言う

Success is a consequence and **must not be** a goal.
成功は結果であって、目標にしてはならない。

ギュスターヴ・フロベール／フランスの作家

Vocabulary　□ success（名）成功
　　　　　　　□ consequence（名）結果

☺ 成功を目標にすることは、自分本位の欲にまみれたイメージがします。顧客に素晴らしいサービスを提供したため、消費者が喜ぶ製品を作ったため、誰かのために頑張って働いた結果、成功がもたらされたというのが、本来の成功の形だと思います。

文法の説明

「義務」を意味する助動詞mustの否定形must not（短縮形はmustn't）は、「〜してはいけない」という「禁止」の意味を表します。must notの後には動詞の原形が続きます。なお、mustと意味が似ているhave toの否定形don't have toは、「〜する必要がない」という意味を表し、must notと全く意味が違います。

　例文の**must not be** a goalは「目標にしてはいけない」という意味です。

2 助動詞を使ってワンランク上の英語にする！

Success is a consequence and must not be a goal.

must not＋動詞の原形

must notを使った他の名言

To reach a port, we must sail, sometimes with the wind, and sometimes against it. But we must not drift or lie at anchor.

港に到達するためには時には追い風で、時には向かい風で帆走しなければならない。だが、漂流したり停泊してはいけないのだ。

オリバー・ウェンデル・ホームズ／アメリカの医師・作家

Vocabulary
- reach a port 港に到着する
- sail against the wind 向かい風で帆走する
- drift （動）漂う
- lie at anchor 停泊する

☺「漂流したり停泊してはいけない」はwe must not drift or lieのように、orで動詞をつなぎます。we must not drift and lieは間違いです。「AでもBでもない」と言うときは、AとBをorで結んで否定します。

　目標を達成するためには、順境でも逆境でも、ひたすら進み続けること。流されるままでいたり、立ち止まったりしてはいけないのですね。

49

You **must not lose** faith in humanity.　Humanity is an ocean; if a few drops of the ocean are dirty, the ocean does not become dirty.

人間性への信頼を失くしてはならない。人間性とは大洋のようなもので、その大洋の数滴が汚れたとしても、大洋全体が汚れることはないのだ。

マハトマ・ガンジー／インド建国の父

Vocabulary
- lose faith in 〜への信頼を失くす
- humanity（名）人間性

☺この名言から、ガンジーが人間性に対し、揺るぎなき信頼を置いていたことがわかります。だからこそ「非暴力、不服従」を提唱し、実行できたのでしょう。

As we express our gratitude, we **must never forget** that the highest appreciation is not to utter words, but to live by them.

私たちが感謝の意を表すとき、最高のやり方は言葉で表すのではなく、その言葉を座右の銘として実践することだということを決して忘れてはならない。

ジョン・F・ケネディ／第35代アメリカ大統領

Vocabulary
- express our gratitude 感謝の意を表す
- appreciation（名）感謝
- not A but B　AでなくB
- utter words　言葉を発する
- live by words　言葉を座右の銘とする

☺「感謝とは言葉ではなく、実践で示すこと」——感謝されたほうは感激すると思います。

14 I should do
「〜したほうがいい」と言う

Your goal should be out of reach but not out of sight.
目標は手が届かずとも、目に見える位置にあったほうがいい。

アニータ・デフランツ／アメリカの元オリンピック・ボート選手

Vocabulary　□ out of reach 手が届かないところに
　　　　　　　□ out of sight 目に見えないところに

☺目標とする上司などが身近にいるといいですね。彼らの域に達するにはまだまだかもしれませんが、彼らの仕事ぶりを見て多くを学び、刺激を受けることができます。目標が具体的に見えることが重要なのです。

文法の説明

　助動詞shouldは「〜したほうがいい」という意味で、忠告やアドバイスをするときに使います。shouldの後には動詞の原形が続きます。否定文はI shouldn't、疑問文はShould I〜？です。

　学校英語ではshouldを「〜すべき」という意味で習うため、高圧的な印象を受ける語だと誤解している学習者が多いですが、shouldにそのようなニュアンスはありません。

　一方、学校英語でhad betterというイディオムを「〜したほ

うがいい」という意味で学習します。しかし、これは「～したほうが身のためだ、～しないとひどい目に遭う」という脅迫に近い意味を持つ表現です。日本人学習者が「～したほうがいい」と言いたいとき、誤ってhad betterを使い、相手に不快な思いをさせることが多いので十分注意してください。

　例文では、Your goal **should be** out of reach but not out of sight.と言って、「目標は手が届かずとも、目に見える位置にあったほうがいい」と忠告しています。

> Your goal should be out of reach but not out of sight.
> 　　　　　should＋動詞の原形

shouldを使った他の名言

The relationship between husband and wife should be one of closest friends.
夫と妻は親友のような関係であったほうがよい。

ビームラーオ・アンベードカル／インドの政治家・思想家

Vocabulary　□ relationship（名）関係
　　　　　　　□ close friend　親友

☺夫婦は恋愛感情だけでなく、友情でも結ばれていたほうがいいということです。恋愛感情の賞味期限は３年という説もありますし……。

2 助動詞を使ってワンランク上の英語にする！

One should examine oneself for a very long time before thinking of condemning others.

人を非難する前に、自分のことをじっくり省みなさい。

モリエール／フランスの劇作家

Vocabulary
- one（代）（一般的な意味での）人
  ※口語ではyouを使います
- examine（動）〜を吟味する
- condemn（動）〜を（厳しく）非難する

☺ 耳の痛い名言です。人のあらばかり見えてしまいますが、実は自分も同じようなことをしていたりします……。人を非難したくなったら、この名言を思い出しましょう！

I think your whole life shows in your face and you should be proud of that.

あなたがこれまで送ってきた人生が、顔ににじみ出ています。あなたはそれを誇りに思うべきです。

ローレン・バコール／アメリカの女優

Vocabulary
- be proud of 〜を誇りに思う

☺ 第16代アメリカ大統領、リンカーンも Every person is responsible for his own looks after 40.（40歳になったら自分の顔に責任を持たねばならぬ）と言っています。自分の顔に誇りを持てるかと問われたとき、自信を持って「はい」と言えるような生き方をしたいものです。

Failure **should be** our teacher, not our undertaker. Failure is delay not defeat. It is a temporary detour, not a dead end. Failure is something you can avoid only by saying nothing, doing nothing, and being nothing.

失敗は教訓とすべきであって、自分を奈落の底に突き落とすものであってはならない。失敗とは遅れているだけであって、敗北ではない。一時的な回り道をしているだけで、行き止まりではない。失敗は、何も言わず、何もせず、取るに足らない存在である限り、避けられるものなのだ。

デニス・ウェイトリー／アメリカのモチベーション・スピーカー

Vocabulary
- failure（名）失敗
- undertaker（名）葬儀屋
- delay（名）遅れ
- defeat（名）敗北
- temporary detour　一時的な回り道
- dead end（名）行き止まり
- avoid（動）〜を避ける
- nothing（名）つまらない物・人

☺「失敗をundertaker（葬儀屋）にすべきでない」というたとえが面白いですね。失敗は自ら行動していることの証なので、失敗することで必要以上に自分を責めるのはやめましょう！

15 I may do
「〜かもしれない」と推測する

You **may be** disappointed if you fail, but you are doomed if you don't try.

失敗すればがっかりするかもしれませんが、挑戦しなかったら、すべてが終わりなのです。

ビヴァリー・シルズ／アメリカのオペラ歌手

Vocabulary　□ disappointed（形）がっかりした
　　　　　　　□ doomed（形）万事終わりの

☺ doomedは「万事休す」という意味ですから、この名言においては、挑戦しないという選択はあり得ないといったニュアンスです。

文法の説明

　助動詞mayは、確信が持てず、「〜かもしれない」と推測するときに使います。mayの後には動詞の原形が続きます。否定文はI may notです。疑問文のMay I 〜 ? は「〜してもいいですか」と許可を求める文になってしまうので注意してください。

　例文のYou **may be** disappointed は「がっかりするかもしれない」という意味です。

You **may be** disappointed if you fail.
　　may＋動詞の原形

mayを使った他の名言

People may hear your words, but they feel your attitude.
人はあなたの言葉を聞いているかもしれないが、読み取っているのはあなたの態度からだ。

ジョン・C・マクスウェル／アメリカのリーダーシップ開発の権威

Vocabulary □ attitude（名）態度

☺ たとえ「ありがとう」と言われても、言い方が機械的だったり、言葉に気持ちがこもっていなかったりすると、感謝されたとは感じません。大事なのは態度！ 勉強になります。

You may have to fight a battle more than once to win it.
勝つためには、一度ならず戦わなければならないこともあります。

マーガレット・サッチャー／イギリス初の女性首相

Vocabulary □ fight a battle　戦う
　　　　　　□ win（動）（競技・戦争など）に勝つ

☺ more thanは厳密に言うと「〜より多い」という意味で、more thanの後の数字は含まれません。more than oneは「複数（2以上）」、more than twoは「3以上」という意味です。

Action may not always bring happiness; but there is no happiness without action.
行動を起こせば必ず幸福がもたらされるとは限らないが、行動しなければ幸福になれない。

ベンジャミン・ディズレーリ／第40、42代イギリス首相

Vocabulary　□ action（名）行動
　　　　　　　□ not always いつも〜だとは限らない

😊 いろいろ考えていても、実行に移さないと幸せになれない。さぁ、腰を上げ、自分がハッピーになれることを１つ考えて、さっそく今日にでも実行してみませんか。

Lost wealth **may be** replaced by industry, lost knowledge by study, lost health by temperance or medicine, but lost time is gone forever.

失った富は勤勉で、忘れてしまった知識は勉学で、失った健康は節制と医療で取り戻せるが、失った時間は永遠に戻らない。

サミュエル・スマイルズ／イギリスの作家

Vocabulary　□ lost wealth 失った富
　　　　　　　□ replace（動）〜に取って代わる
　　　　　　　□ industry（名）勤勉
　　　　　　　□ knowledge（名）知識
　　　　　　　□ temperance（名）節制
　　　　　　　□ be gone 消える
　　　　　　　□ forever（副）永遠に

😊 knowledge、healthの後にmay be replacedが省略されています。あらためて考えると、まさにこの名言の通りですね。普段はすっかり忘れていますが、二度と取り戻すことができない時間を大切に使いたいと思います。

仮定法だって言える！

16 If I do
実現の可能性があることを仮定する

Success is not the key to happiness. Happiness is the key to success. **If** you **love** what you are doing, you **will be** successful.

成功が幸福の鍵ではない。幸福が成功の鍵なのだ。自分がやっていることに夢中になれれば、きっと成功するだろう。

アルベルト・シュバイツァー／フランスの医師・神学者

Vocabulary
- success（名）成功
- what you are doing
    あなたが今していること
- successful（形）成功している

☺「成功したら幸せになるのではなく、幸せだから成功するのだ」という主張を以前、本で読んだことがあります。今やっていることを楽しんでいるかどうかが、成功への分かれ道かもしれません。

文法の説明

「現在や未来について実現の可能性があること」を仮定するとき、仮定の内容を表す節の先頭にifをつけます。ifで始まる節の動詞には現在形を使い、主節の動詞には「will/can＋動詞の

原形」をよく使います。ifで始まる節の動詞にwillを使う間違いが多いので気をつけましょう。ifが文中にあるとき、ifは後に続く節とワンセットになっています。

例文は現在のことについて仮定した文なので、ifで始まる節に現在形love、主節の動詞に「will＋動詞の原形」のwill beが使われています。

> If you love what you are doing, you will be successful.
> if＋主語＋動詞の現在形　　　　　　　主語＋will＋動詞の原形
>
> （×If you will love...）

ifを使った他の名言

If you can dream it, you can do it.
夢見ることができれば、それは実現できる。

ウォルト・ディズニー／アメリカの映画製作者

☺ 世の中にあるものはすべて、最初は人の頭の中で生まれたもの。夢を具体的に描ければ、夢の実現につながるのですね。

If you can't explain it to a six-year-old, you don't understand it yourself.
6歳の子どもに説明できないのであれば、自分自身がよくわかっていないということだ。

アルベルト・アインシュタイン／ノーベル物理学賞受賞の物理学者

Vocabulary □ explain （動）〜を説明する

☺難しいことを難しく説明することは簡単ですが、難しいことをシンプルに説明することは非常に難しい。理解力とコミュニケーション能力が問われます。

Nothing is particularly hard if you divide it into small jobs.
小さな仕事に分けてしまえば、特に難しい仕事などない。

ヘンリー・フォード／フォード・モーターの創業者

Vocabulary
- particularly（副）特に
- divide A into B（動）AをBに分ける

☺なるほど！　一見すると圧倒されるような仕事量も、小さな作業に分けてしまえば、できそうに思えてきますね。

If you think in terms of a year, plant a seed; if in terms of ten years, plant trees; if in terms of 100 years, teach the people.
1年単位で考えるなら、種を植えよ。10年単位で考えるなら、木を植えよ。100年単位で考えるなら、人を育てよ。

孔子／中国の思想家

Vocabulary
- in terms of 〜という観点から
- plant a seed 種を植える

☺in terms of ten yearsとin terms of 100 yearsの前にyou thinkが省略されています。

　人を育てるというのは、100年単位で考えるべき重大なことなのですね……。これには驚きました！

17 If I did
想像上のこと・現在の事実に反することを仮定する

If today were the last day of my life, would I want to do what I am about to do today?

今日が人生最後の日だったら、今日これからやろうとすることをしたいと思うだろうか？

スティーブ・ジョブズ／アップル社の共同創業者

Vocabulary □ be about to do （まさに）〜しようとしている

☺ ジョブズが2005年にスタンフォード大学の卒業式で行った伝説のスピーチの中の一文です。彼はこの文を、33年間、毎朝鏡に映る自分に問いかけました。「No」という答えが何日も続くのであれば、生き方を見直したほうがいいと彼は言っています。皆さんはこの問いに自信を持って「Yes」と答えられますか？

文法の説明

「想像上のこと・現在の事実に反すること」を仮定するとき、ifで始まる節の動詞は過去形、主節は「would/could＋動詞の原形」にします。これを文法では「仮定法過去」といいます。文法用語を見ると難しそうに思えますが、動詞や助動詞を過去形にするだけなので、意外と簡単です。なお、仮定法過去の文

では原則的にbe動詞の過去形はすべてwereを使いますが、口語ではwasも使います。

例文は、「今日は人生最後の日ではない」という、現在の事実に反することを仮定している文です。ifで始まる節の動詞はbe動詞の過去形were、主節はwould wantを使っています。主節は疑問文なので、wouldが主語の前に来ています。

> If today were the last day of my life,
> if+主語+動詞の過去形
> would I want to do what I am about to do today?
> would+主語+動詞の原形
> （×If today is the last day of my life, will I want to...?）

仮定法過去を使った他の名言

We would accomplish many more things if we did not think of them as impossible.

不可能だと考えなければ、私たちはもっと多くのことを成し遂げられるだろう。

ヴィンス・ロンバルディ／アメリカのプロのアメフトチームを率いた名将

Vocabulary
- accomplish （動）〜を成し遂げる
- think of A as B　AをBと考える
- impossible （形）不可能な

☺「できない」という勝手な思い込みが、自分の可能性をどんどん狭めてしまっているのですね。

3 仮定法だって言える！

If you realized how powerful your thoughts are, you **would never think** a negative thought.

思考がいかに強力な力を持っているかを知っていたら、ネガティブな考えを抱くことは決してないだろう。

ピース・ピルグリム／アメリカの平和活動家

Vocabulary
- realize（動）〜をはっきり理解する
- thought（名）思考、考え

☺ ついネガティブなことを考えてしまうので、意識してやめるようにしないと！

If I were dropped out of a plane into the ocean and **told** the nearest land was a thousand miles away, **I'd** still **swim**. And **I'd despise** the one who gave up.

もし飛行機が墜落し、海の中に放り出され、一番近い陸地が1000マイル離れていると言われたとしても、私は泳いで行こうとするだろう。そのときあきらめてしまう人を、私は軽蔑する。

アブラハム・マズロー／アメリカの心理学者

Vocabulary
- mile（名）マイル（約1.6km）
- still（副）それでもなお
- despise（動）〜を軽蔑する
- give up あきらめる

☺ I'dはI wouldの短縮形です。

1000マイルは約1600キロです。そんな距離を人間が泳ぎ切れるわけはありませんが、マズローが言いたいのは、最後の最後まで人生をあきらめてはいけないということでしょう。泳いでいれば、通りかかった船に助けられる可能性もあるわけですから。

18 I wish I did
現在の事実に反することを望む

I know God won't give me anything I can't handle. **I** just **wish** he **didn't trust** me so much.

神は、私の手に負えないことは、決して私に与えない、ということはわかっています。ただ、ここまで私を信頼してくださらなくてもいいのに。

マザー・テレサ／ノーベル平和賞を受賞したカトリックの修道女

Vocabulary　□ handle （動）(問題など)に対処する
　　　　　　　□ trust （動）〜を信頼する

☺ この名言で、マザーがいかに苦労していたのかがわかります。マザーのような聖女でも、限界を感じることがあったのでしょう。

文法の説明

「現在の事実に反すること」を望むとき、I wishで文を始めます。望む内容を表す部分の動詞を過去形にし、「I wish＋主語＋動詞の過去形」で表します。これも「仮定法過去」です。助動詞を使う場合は、助動詞を過去形にします。

例文のI wish he didn't trust meから、「神は私をとても信頼してくださっている」という、現在の事実に反することを望んでいる文だとわかります。過去形の否定文didn't trustになるこ

3 仮定法だって言える！

とに注意してください。

I just wish he didn't trust me so much.
　　I wish＋主語＋動詞の過去形

（×I just wish he doesn't trust…）

現在の事実に反することを望む他の名言

Sometimes I wish I could drive a car, but I'm gonna drive a car one day, so I don't worry about it.
車を運転できたらいいな、と時々思う。でも、いつか運転できるようになれると思うから、今は心配していないんだ。

スティーヴィー・ワンダー／アメリカの歌手

Vocabulary　□ **gonna**　going toの意味。話し言葉でgonnaのように発音するため、それを文字化したもの

　　　　　　　□ **one day**　いつか

☺視覚障害者にもかかわらず、「いつか車の運転ができるようになれると思うから、今は心配していない」と、未来の可能性を信じているスティーヴィー・ワンダーの前向きなところを見習いたいです。

Here's a vice: I say yes too many things. I wish I had the guilty pleasure of saying no. My goal is to try to do less, but more fully.
私の欠点、それは人の頼みを断れないこと。断ることに密かな喜びを感じられたらいいのに。私の目標はやることを少なくして、1つひとつのことをもっと一生懸命にすること。

シガニー・ウィーバー／アメリカの女優

Vocabulary
- vice（名）欠点
- guilty pleasure
  ダメだとわかっているけれどやめられない愉しみ
- fully（副）十分に

☺「Noと言えない日本人」という言葉がありますが、同じような人がアメリカ人にもいたのですね。自分のキャパを考えて、Noと言うべきことにはNoと言い、自分が本来やるべきことに専念できるよう心がけたいです。

You should never look at somebody and say, 'I wish I had their life,' because you never really know what struggles they're going through.

決して他人に「あなたの人生がうらやましいわ」と言わないように。本人がどんな苦労をしているか実際に誰にもわからないのだから。

キキ・パーマー／アメリカの歌手・女優

Vocabulary
- struggle（名）苦労
- go through（苦しみなど）を経験する

☺ 自分が抱えている苦労や苦悩は自分にしかわかりません。他の人も同様です。よく知らないのに、他人の人生をうらやむことはやめましょう！

3 仮定法だって言える！

19 I wish I had done
過去の事実に反することを望む

No one on his deathbed ever said, I wish I had spent more time on my business.

死の床で「もっと仕事をすればよかった」と言った人は、いまだかつていない。

ポール・ソンガス／元アメリカ上院議員

Vocabulary　□ on his deathbed　死ぬ間際に
　　　　　　　□ spent（動）spend（～に時間を使う）の過去・過去分詞形

☺「仕事ばかりの人生ではいけない」という戒めの言葉です。でも「もっとこういう仕事がしたかった」と後悔する人もいると思います。

文法の説明

「過去の事実に反すること」を望むときも、I wishを使います。望む内容を表す部分の動詞を「過去完了形（had＋過去分詞）」にし、「I wish＋主語＋had＋過去分詞」で表します。これを「仮定法過去完了」といいます。

　例文ではI wish I had spent more timeと言っているので、「実際かけた時間より、もっと多くの時間を仕事にかけたかった」という過去の事実に反することを望む文だとわかります。

I wish I had spent more time on my business.
I wish+主語+had+過去分詞

過去の事実に反することを望む他の名言

I wish I had invented blue jeans. They have expression, modesty, sex appeal, simplicity — all I hope for in my clothes.

ジーンズを考案したのが自分だったらよかったのに。デニムは表情があって、控えめで、セックスアピールがあり、かつシンプルだ。私が服に望む要素をすべて持っている。

イヴ・サンローラン／ファッションデザイナー

Vocabulary
- invent （動）（新しいもの）を考案する
- expression （名）表情
- modesty （名）控えめ
- simplicity
  （名）（ほめ言葉として）シンプルであること
- clothes （名）洋服

☺ 一流のデザイナーも認めたデニム。その魅力を再認識しました！

What a wonderful life I've ever had! I only wish I'd realized it sooner.

私はなんて素晴らしい人生を送ってきたのでしょう！ もっと早くこのことに気づいていたらよかったのに。

シドニー＝ガブリエル・コレット／フランスの作家

Vocabulary ☐ realize（動）〜とはっきり理解する

☺I'dはI hadの短縮形です。

　自分の人生だと、あらばかりに目が行きがちですが、この名言のように、本当は素晴らしい人生なのです！

I wish I had played team sports. I think every kid should. Teamwork builds character — teaches people about leadership and cooperation.

チームスポーツをしておけばよかった。すべての子どもがすべきだと私は思う。チームワークは人格形成に役立つし、リーダーシップと協調性を学べる。

モ・ロッカ／アメリカのジャーナリスト・俳優

Vocabulary ☐ build character　人格を形成する
　　　　　　　☐ cooperation（名）協調性

☺この名言を読んで、私もチームスポーツをやっておけばよかったと後悔しました……。

使える構文を
覚えてしまう！

20 Do it. / Don't do it.
命令する

Don't find fault, find a remedy.
あら探しをするな、解決策を探すのだ。

ヘンリー・フォード／フォード・モーターの創業者

Vocabulary
- find fault あら探しをする
- remedy （名）改善法

☺ 動詞は変えずに「見つけるな」「見つけろ」とシンプルでインパクトのある文です。まさに名言の通り。あら探しをしても、事態は何も改善しません。文句を言う前に、解決策を探すよう努力しましょう！

文法の説明

命令文は動詞の原形から始めます。「〜するな」という禁止の命令文は文頭にdon'tをつけます。例文のDon't find fault（あら探しをするな）は禁止の命令文、find a remedy（解決策を探せ）は普通の命令文です。

Don't find fault, find a remedy.
Don't＋動詞の原形　　動詞の原形

命令文を使った他の名言

Forgive your enemies, but never forget their names.
敵を許せ。しかし、名前を忘れてはならぬ。

ジョン・F・ケネディ／第35代アメリカ大統領

Vocabulary　□ forgive （動）（人）を許す
　　　　　　　□ enemy （名）敵

☺敵の行いは許しなさい。しかし、相手が敵である事実は忘れてはいけないという意味です。聖書のLove your enemies.（汝の敵を愛せよ）までいかなくとも、敵を許すことができたら、それだけでも十分立派だと思います。

Your time is limited, so don't waste it living someone else's life.
時間は限られている。だから他人の人生を生きることで、人生を無駄にするな。

スティーブ・ジョブズ／アップル社の共同創業者

Vocabulary　□ waste （動）（金・時間など）を無駄に使う

☺この名言もスタンフォード大学でのスピーチです。ジョブズは自分の心や直感に従って生きることを勧めています。自分が本当にしたいことをやり、それ以外のことは二の次で構わないと主張しました。

Be a first-rate version of yourself, not a second-rate version of someone else.

誰かの真似でなく、最高の自分になることを目指すべきです。

ジュディ・ガーランド／アメリカの女優

Vocabulary □ first-rate（形）一流の

☺ これも素晴らしい名言ですね。私たちはそれぞれオンリーワンの存在です。誰かの真似でも誰かとの競争でもなく、最高の自分を目指すべきです。

Do not wait for leaders; do it alone, person to person.

指導者が現れるのを待っていてはいけません。１人でもやるのです。１人ひとりと向き合いながら。

マザー・テレサ／ノーベル平和賞を受賞したカトリックの修道女

Vocabulary □ person to person 個人対個人で

☺ person to personにマザーの想いがつまっています。貧困の苦しみに喘ぐ人々を救いたいと強く願い、マザーは修道院を出て、スラム街でたった１人、活動を始めました。人を数で十把一絡げに表すのではなく、１人の個人として相手に向き合っていた姿を示す、マザー・テレサのもう１つの名言があります。

I have never counted the numbers. I have just taken one, one, one.
（私は助けた人を決して数えたりしません。ただ１人、１人、そしてまた１人）

21 It is done
「〜される」と受け身の文を言う

The best and most beautiful things in the world cannot **be seen** or even **touched**. They must **be felt** with the heart.

この世で最も立派で美しいものは、見ることも、触れることさえもできません。それは心で感じなければならないのです。

ヘレン・ケラー／アメリカの教育家・社会福祉事業家

☺ 視覚と聴覚の障害を持っていたヘレン・ケラーですが、美しいものを感じるのに障害はなかったということです。この名言を見て『星の王子さま』のキツネのセリフを思い出しました。王子さまとキツネの別れのシーンで、キツネが王子さまに言う有名なセリフです。What is essential is invisible to the eye.（一番大切なことは目には見えない）

文法の説明

能動態の文とは「AがBに〜した」、受け身の文は「BがAに〜された」という文です。「〜される」という受け身の文にするには、動詞の部分を「be動詞＋過去分詞」にします。過去分詞自体に「〜される」という意味があり、時制はbe動詞で表します。

例文の主語はthings、動詞はsee、touch、feelなので、「見られ

る」「触れられる」「感じられる」と受け身にします。助動詞canの後なのでbe動詞が原形のbeになり、**be seen**、**be touched**、**be felt**と表しています。

> The best and most beautiful things in the world cannot
> 　　　　　　　　　　　　　　　　　　　主語
> be seen or even touched.
> be動詞＋過去分詞　　過去分詞

受け身を使った他の名言

We are shaped and fashioned by what we love.
人間は、自らが愛するものによって形づくられる。

　　　　　　　　　　　　　　　　ゲーテ／ドイツの詩人・作家

Vocabulary 　□ fashion （動）～を創り出す
　　　　　　　　□ what we love　私たちが愛するもの

☺受け身の文で「～によって」と言うときには、前置詞byを使います。

　名言は、考えてみるとその通りですね。皆さんは何によって自分が作られたと思いますか？　私の場合は、英語、読書、絵画鑑賞、海外旅行でしょうか……。

Success is most often achieved by those who don't know that failure is inevitable.
成功は多くの場合、失敗が不可避であることを知らない人によって成し遂げられる。

　　　　　　　　　　　　　　　　ココ・シャネル／「シャネル」の創設者

Vocabulary
- achieve（動）～を成し遂げる
- those who ～の人
- inevitable（形）不可避の

😊新しいことにチャレンジするとき、二の足を踏む人がほとんどだと思います。「私の辞書には失敗という文字はない」などと考えられる人は少数派でしょう。勇気を出して一歩前に進むことが大切なのだと思います。

Leaders aren't born; they are made. And they are made just like anything else, through hard work.

生まれながらのリーダーなど存在しない。他のことと同様、リーダーとは勤勉によって作られるものである。

ヴィンス・ロンバルディ／アメリカのプロのアメフト・チームを率いた名将

Vocabulary
- through hard work 勤勉によって
- else（副）その他の

😊指導者として活躍している人は、生まれながらのリーダー（born leader）なのかと思っていました。しかし、指導者の資質もまた努力によって作られるものなのですね。

22 There is/are
「〜がある」と言うとき

There are no regrets in life, just lessons.
人生に悔いはないわ。すべては学びだから。

ジェニファー・アニストン／アメリカの女優

Vocabulary
- regret（名）後悔
- lesson（名）教訓

☺「人生で起こることはすべて学び」と考えれば、何が起きてもすべてを肯定できますね。ジェニファー・アニストンはブラッド・ピットとの結婚にも悔いはないはず!?

文法の説明

「〜がある」と言うとき、「There is/are＋意味上の主語」という**構文を使います**。文頭のthereには意味がなく、意味上の主語はthere is/areの後に来ます。主語の単数・複数、時制によって適切なbe動詞を選びます。否定文はThere isn't/There aren't、疑問文はIs there 〜 ?/Are there 〜 ? です。

例文の **There are no regrets** では、意味上の主語regretsが複数形なのでbe動詞はareになっています。

There are no regrets in life, just lessons.
　There are＋意味上の主語

There is/areを使った他の名言

There's always an opportunity to make a difference.
世の中をよくする機会は常にある。

マイケル・デル／デルの創業者・会長兼CEO

Vocabulary □ opportunity（名）機会
□ make a difference（状況など）を改善する

☺大きなこと、偉大なことでなくてもいい、1％でもいいから社会をよくするために何か貢献できるとしたら、それは素晴らしいことではないでしょうか。

There is only one happiness in this life, to love and be loved.
人生における幸せはただの1つだけ。それは愛し愛されること。

ジョルジュ・サンド／フランスの作家

☺男性遍歴の激しかったジョルジュ・サンド。肺結核を患っていた作曲家ショパンとつき合い、彼を献身的に看病したこともありました。愛に生きた彼女らしい名言です。

There are two ways to live your life. One is as though nothing is a miracle. The other is as though everything is a miracle.
人生を生きるには2通りの方法がある。1つは、奇跡などないと思って生きること。そしてもう1つは、すべてが奇跡だと思って生きること。

アルベルト・アインシュタイン／ノーベル物理学賞受賞の物理学者

Vocabulary ☐ as though まるで〜のように
　　　　　　　☐ miracle（名）奇跡

☺生きていること自体が奇跡と思えたら、今見ている風景は一変するでしょう。深刻な病気ではないかと疑って病院に行き、そうでないとわかった日は、この世のすべてが美しく見えました！　そういう気持ちで毎日生きられたら、人生は全然違ったものになるでしょうね。

There is only one meaning of life: the act of living itself.

人生の意味は１つしかない。それは生きるという行為そのものにある。

エーリッヒ・フロム／ドイツ生まれの社会心理学者

Vocabulary ☐ meaning（名）意味
　　　　　　　☐ act（名）行為

☺「生きている意味がわからない」と言って、死を選ぼうとする人がいます。しかし、フロムによれば、「生きる」という行為そのものが「生きる意味」なのです。ですから、自殺はナンセンス。どういう状況であれ、生き抜くこと。これがフロムの主張です。

23 give you anything
目的語を2つ並べて「人にものを〜する」ときに言う

God will never give you anything that you can't handle; so don't stress.

神はあなたに背負いきれない試練は与えない。だから悩む必要はないのだ。

ケリー・クラークソン／アメリカの歌手

Vocabulary □ handle（動）〜に対処する

☺ 前半は、ある人気テレビドラマにも使われた「神は乗り越えられる試練しか与えない」の英訳です。大きな苦難や障害が立ちはだかったら、それだけ深く神に信頼されているのだと、誇りに思ってもいいのかもしれません。

文法の説明

動詞の中にはgive、buy、teach、tell、show、askのように目的語を2つ取るものがあります。「give/buy/teach＋人＋もの」という語順で言います。「人」と「もの」を表す目的語の順を入れ替えて言うことはできません。例文のnever give you anythingは「あなたに何も与えない」という意味です。

> God will never give you anything that you can't handle.
> give + 人 + もの

目的語を2つ取る動詞を使った他の名言

Nearly all men can stand adversity, but if you want to test a man's character, give him power.

ほとんどの人間は不運を乗り越えられる。だが、その人の本来の人格を知りたければ、権力を与えてみることだ。

エイブラハム・リンカーン／第16代アメリカ大統領

Vocabulary
- nearly all ほとんどすべての
- stand （動）〜に耐える
- adversity （名）不運
- character （名）人格

☺ 人間性の本質をついた名言です。権力は、人間の本性をあらわにしてしまうものなのですね。

Money can buy you a fine dog, but only love can make him wag his tail.

お金があれば上等な犬が買えるが、愛情がなければ犬はなつかない。

キンキー・フリードマン／アメリカの歌手

Vocabulary
- wag his tail しっぽを振る

☺ 当たり前のことですが、お金で愛は買えません！

4 使える構文を覚えてしまう！

We must expect reverses, even defeats. They are sent to **teach us wisdom and prudence**, to call forth greater energies, and to prevent our falling into greater disasters.

我々は失敗、敗北さえ予期しなければならない。これによって我我は知恵を身につけ、慎重さが大事だと学ぶ。より強い士気を引き出し、悲惨な敗北を防ぐためだ。

ロバート・リー／南北戦争時代のアメリカにおける軍人

Vocabulary
- expect（動）〜を予期する
- reverse（名）失敗
- defeat（名）敗北
- wisdom（名）知恵
- prudence（名）慎重さ
- call forth（勇気など）を奮い起こす
- prevent（動）（〜が起きるのを）防ぐ
- disaster（名）大惨事

☺ 失敗や敗北は、経験しなければわからないであろう貴重な教訓を学ぶ機会です。そう考えると、なんとかして乗り越えようと思えてきませんか？

24 consider A B
「AをBと考える」と言う

If you have three people in your life that you can trust, you can consider yourself the luckiest person in the whole world.

あなたの人生で信頼できる人が3人いるなら、自分自身を全世界で最も幸運な人間だと考えてもいいと思うわ。

セレーナ・ゴメス／アメリカの歌手

☺ 皆さんは100パーセント信頼できる人の名前を3人挙げることができますか？

文法の説明

「AをBと考える」と言うとき、「consider＋A（目的語）＋B（補語）」という構文を使います。A（目的語）とB（補語）の順を入れ替えて言うことはできません。

例文のconsider yourself the luckiest personは、Aに当たる語がyourself、Bに当たる語がthe luckiest personになり、「自分自身を最も幸運な人間だと考える」という意味になります。

You can **consider yourself the luckiest person**
　　　　　consider　＋A（目的語）　＋B（補語）
in the whole world.

considerを使った他の名言

People who care about each other enjoy doing things for one another. They don't consider it servitude.

相手を気遣う人は、相手の役に立てることが嬉しいのです。嫌々ながらしているわけではありません。

アン・ランダース／アメリカのコラムニスト

Vocabulary
- care about 〜を気遣う
- each other / one another お互いに
- servitude (名)強制労働

☺ 私の周りにも喜んで人のために動く人がいます。嫌々ながらではなく、人のために動いたり働いたりすることが喜びなのです。私もそういう人間に一歩でも近づきたいです。

The surest way to be deceived is to consider oneself cleverer than others.

だまされる最も確実な方法は、自分が他人よりも賢いと考えることである。

フランソワ・ド・ラ・ロシュフコー／フランスのモラリスト文学者

Vocabulary
- sure way 確実な方法
- deceive (動)〜をだます
- clever (形)頭がよい

☺ 自分は人にだまされるような愚かな人間ではないという思い込み。これが命取りなのかもしれません……。

I have great belief in the fact that whenever there is chaos, it creates wonderful thinking. I consider chaos a gift.

私は固く信じている。混乱があるとき、素晴らしい考えが生まれることを。私は混乱を贈り物だと考えている。

セプティマ・ポインセット・クラーク／アメリカの公民権運動家

Vocabulary
- [ ] have belief in（〜の存在）を信じている
- [ ] fact（名）事実
- [ ] whenever（接）〜するときはいつも
- [ ] chaos（名）混乱

☺ I consider chaos a gift. とは、なんてポジティブな発言でしょう。chaosがwonderful thinkingを創造するという発想は初めて聞きました。違うものが出会って、新しいものが生まれるわけですから、混乱から素晴らしいアイデアが生まれることもあるのでしょうね。

25 make you feel
「人に〜させる」ときに言う

No one can **make you feel** inferior without your consent.

自分でそうだと思わなければ、劣等感を覚えることなどないのです。

エレノア・ルーズベルト／第32代アメリカ大統領フランクリン・ルーズベルトの夫人

Vocabulary
- feel inferior 劣等感を覚える
- consent（名）同意

☺ 他人に何を言われても、自分がそう思わなければ、劣等感に悩むことなどないのです。他人の意見に振り回されて自分を見失わないようにしましょう。

文法の説明

「人に（強制的に）ある行動をさせる」は「make＋目的語＋動詞の原形」、「人をある状態にする」は「make＋目的語＋形容詞」という構文を使います。

例文のmake you feel inferiorは「あなたに劣等感を覚えさせる」、後述のmake us happyは「私たちを幸せにする」という意味です。

No one can **make you feel** inferior without your consent.
  make＋目的語＋動詞の原形

Let us be grateful to people who **make us happy**.
             make＋目的語＋形容詞

makeを使った他の名言

Let us be grateful to people who **make us happy**, they are the charming gardeners who **make our souls blossom**.

私たちを幸せにしてくれる人々に感謝しよう。彼らは私たちの魂の花を咲かせてくれる素敵な庭師なのだ。

マルセル・プルースト／フランスの作家

Vocabulary
- grateful（形）〜に感謝している
- charming（形）魅力的な
- gardener（名）庭師
- soul（名）魂
- blossom（動）花を咲かせる

☺「私たちの魂の花を咲かせる素敵な庭師」——美しい表現ですね。さすがプルースト！

You can lead a horse to water, but you can't **make him drink**.

馬を水がある場所まで連れて行くことはできるが、水を飲ませることはできない。

英語のことわざ

Vocabulary
- lead A to B（動）AをBに導く

😊 このことわざは、「やる気がない人間には、どんなに指導しても無駄だ」のような、モチベーションの重要性を語るときによく使われます。

What does not destroy me makes me stronger.
死にそうになるほど辛いこと、それが私をさらに強くする。

ニーチェ／ドイツの哲学者

Vocabulary ☐ what does not destroy me
　　　　　　　私を崩壊させないもの

😊 生きていると、大病、リストラ、家族の死のような死にたくなるほど辛い経験をします。しかし、そこで生きてさえいれば、その試練を乗り越えた後、私たちは精神的により強い人間になっているということです。とても勇気づけられますね。

26 let them know
「人・ものに(許可して)～させる」ときに言う

If you love somebody, **let them know** every day.
愛する人がいるなら、その気持ちを相手に毎日伝えることだ。
ビリー・ボブ・ソーントン／アメリカの俳優

☺ 私を可愛がって育ててくれた祖母に、生前、感謝の言葉をきちんと伝えることができなかったことが大きな心残りの1つです。この名言、身に沁みます……。

文法の説明

「人・ものに(許可して)ある行動をさせる」と言うとき、「let＋目的語(人・もの)＋動詞の原形」という構文を使います。同じ「～させる」という意味でも、makeは「強制してさせる」、letは「許可してさせる」という違いがあります。例文のlet them knowは「彼らに知らせる」という意味です。

> If you love somebody, **let them know** every day.
>   let＋目的語＋動詞の原形

letを使った他の名言

Pray, and let God worry.
神に祈ることだ。あとはすべて神に任せればよい。

マルチン・ルター／ドイツの宗教改革者

Vocabulary □ pray（動）祈る

☺「人事を尽くして天命を待つ」に少し似ていますね。

Don't let others define you. You define yourself.
世間に自分がどういう人間であるか、決めさせてはなりません。それは自分で決めるものなのです。

バージニア・ロメッティ／アメリカの実業家・IBM初の女性CEO

Vocabulary □ define（動）〜を定義する

☺他人からどう見られるか、またはどう見られたいかばかり考える日本人。自分とは「他人の目に映る自分」と思いがちです。だからこそYou define yourself. は新鮮に響きます。

Don't let the noise of others' opinions drown out of your inner voice.
他人からの雑音で、あなたの内なる声がかき消されないように。

スティーブ・ジョブズ／アップル社の共同創業者

Vocabulary □ drown out of 〜の音をかき消す

☺これもジョブズがスタンフォード大学で行ったスピーチの一部です。この言葉の後にhave the courage to follow your heart and intuition（自分の心と直感に従う勇気を持て）と続けています。

27 not A but B
「AでなくB」と言う

Not failure, but low aim, is crime.
失敗ではなく、目標が低いことが罪なのだ。

ジェームズ・ラッセル・ローウェル／アメリカの詩人

Vocabulary　□ low aim　低い目標
　　　　　　　□ crime（名）罪

☺ low aim is crimeには驚きました。日本で「目標は高く持て」とは言いますが、「低い目標は罪」と聞いたことはありません。私自身、高校の卒業生に贈る言葉として、卒業アルバムに書いたことを覚えています。

文法の説明

「AでなくB」と言ってBを強調するとき、not A but Bと言います。統一感を出すためAとBには同じ品詞の語を使います。

例文のNot failure, but low aimは「失敗ではなく低い目標」という意味で、名詞failureと名詞句low aimで揃えています。

> Not failure, but low aim, is crime.
> 　not　A（名詞）　　but　B（名詞句）

not A but Bを使った他の名言

Our greatest glory is not in never failing, but in rising every time we fail.

我々にとって最も名誉なことは、決して失敗しないことにあるのではなく、失敗するたびに起き上がることにある。

孔子／中国の思想家

Vocabulary
- glory（名）栄光
- fail（動）失敗する
- rise（動）立ち上がる
- every time＋主語＋動詞 ～するときはいつも

☺ 2500年前の教えとは思えないほど、現代の私たちをも励ましてくれるメッセージです。学生時代に教わった『論語』のイメージとはかなり違って感じます。

Hope is not a resting place but a starting point.

希望とは、そこにずっととどまっていることではなく、そこが始まりであることを意味している。

H・ジャクソン・ブラウン・Jr.／アメリカの作家

Vocabulary
- resting place 休憩所

☺ 希望を持っているだけで満足していてはだめ、そこから行動を起こさなければならないという戒めの言葉です。

Great works are performed not by strength but by perseverance.

偉大な作品とは能力でなく、忍耐によって作られる。

サミュエル・ジョンソン／イギリスの批評家

Vocabulary
- works（名）（芸術）作品
- perform（動）（仕事など）を行う
- strength（名）能力
- perseverance（名）忍耐力

☺芸術作品は才能で決まるのかと思っていましたが、忍耐力も必要なのですね。才能だけではだめで、それに忍耐力が加わってはじめて立派な作品ができ上がるのです。

Life consists not in holding good cards but in playing those you hold well.

人生とは、よいカードを持つことではなく、持っているカードを使って最高のプレーをすることだ。

ジョシュ・ビリングズ／アメリカのコメディアン

Vocabulary
- consist in（動）〜に本質がある

☺those you holdのthoseはcardsを指します。

自分の持っているカードで精一杯プレーして、最高の結果を出すことが、人生というゲームに勝つことなのです。勇気をもらえる名言です。

28 not only A but also B
「AだけでなくBも」と言う

To accomplish great things, we must not only act, but also dream; not only plan, but also believe.

偉大なことを成し遂げるためには、行動だけではだめで、夢も見る必要がある。計画を立てるだけでもだめで、信じなければならない。

アナトール・フランス／フランスの作家

Vocabulary　☐ accomplish（動）〜を成し遂げる
　　　　　　　☐ act（動）行動する

☺ 普通なら、順番が逆で「夢見るだけでなく行動せよ」「信じるだけでなく、計画を立てよ」と言うはずです。しかし、偉大なことを成し遂げるためには「夢見ること」や「信じること」のほうがはるかに難しいのかもしれません。

文法の説明

「AだけでなくBも」と言って、AよりもBを強調するとき、not only A but also Bと言います。alsoを省略することがよくあります。この表現でも、統一感を出すためAとBには同じ品詞の語を使います。

項目27のnot A but Bと区別しましょう。事実だけ述べるならnot A but Bは結局「Bのみ」、not only A but also Bは「AとB」

を表します。

　例文の**not only** act, **but also** dreamは「行動だけではなく夢も見る」、**not only** plan, **but also** believeは「計画を立てるだけでなく信じる」という意味になります。

> we must **not only** act, **but also** dream
> 　　　　not only　A(動詞)　but also　B(動詞)

not only A but also Bを使った他の名言

You are **not only** responsible for what you say, **but also** for what you do not say.
自分が口にしたことだけでなく、自分が口にしないことにも責任を負わなければならない。

マルチン・ルター／ドイツの宗教改革者

Vocabulary　□ be responsible for （形）〜に対して責任を持つ
　　　　　　　　□ what you say あなたが言うこと

☺what you sayとwhat you do not sayを対比しているのがわかりましたか。「（自分が言うべきだったのに）言わなかったこと」についても責任を持つべきだという考えには、はっとさせられました。傍観者の立場にいて責任逃れをしてはいけないということです。

We know truth, **not only** by the reason, **but also** by the heart.
我々には真理がわかる。頭だけでなく心でもわかるのだ。

ブレーズ・パスカル／フランスの哲学者・科学者

Vocabulary □ truth（名）真理
□ reason（名）理性

☺ パスカルは名言「人間は考える葦である（Man is a thinking reed.）」で有名で、気圧の単位ヘクトパスカルにも名を残しています。私はパスカルをバリバリの理系人間だと勝手に思い込んでいました。しかし、科学が著しく進歩した時代に、理性こそ万能だという考えの危うさを確信し、理性の落とし穴を指摘した人だったのです。

True compassion means not only feeling another's pain but also being moved to help relieve it.

真の思いやりとは、相手の心の痛みを感じるだけでなく、痛みを少しでも和らげてあげたいと、心を動かされることでもある。

ダニエル・ゴールマン／アメリカの心理学者

Vocabulary □ compassion（名）思いやり
□ pain（名）痛み
□ relieve（動）（苦痛など）を和らげる

☺ 社会がどんなにバーチャル化しても、人は人との触れ合いを求めると思います。相手の心を理解するだけでなく、痛みを和らげてあげたいと思うことが、本当の思いやりなのだと勉強になりました。

29 ask what you can do
疑問文を別の文章に加える

My fellow Americans, ask not **what your country can do** for you, ask **what you can do** for your country.
同胞であるアメリカ国民の皆さん、国があなたのために何をしてくれるかではなく、あなたが国のために何ができるかを考えようではありませんか。

ジョン・F・ケネディ／第35代アメリカ大統領

Vocabulary □ fellow （形）同胞の

☺ ケネディ大統領の就任演説で最も有名な文です。この演説で彼は、よりよい世界を築くために、自発的な行動を起こすことを国民に訴えました。この訴えは今日の日本人に向けて発してもいい内容だと思います。

✲ 文法の説明

例文のask what you can do for your countryは、askという命令文にwhat can you do for your country? という疑問文をつけ加えたものです。このように、**疑問文を別の文につけ加えたものを「間接疑問文」といいます。**

間接疑問文は、特にメールを書くときのように、相手と面と向かって話していないときによく使われます。

間接疑問文を言うとき、つけ加える疑問文の主語や動詞の順

序に注意しましょう。whatやwhyといった疑問詞の後の語順が普通の文（平叙文）の語順と同じになり、「疑問詞＋主語＋動詞」になります。また、疑問文に使うdo、does、didは使いません。

例文のask what you can do for your countryでは、whatの後はyou can doの順になります。ask what can you do for your countryは間違いです。

ask. ＋ what can you do for your country?
→ask **what you can do** for your country.
　　　疑問詞＋主語＋助動詞＋動詞
（×ask what can you do for your country.）

間接疑問文を使った他の名言

I don't measure a man's success by **how high he climbs** but **how high he bounces** when he hits bottom.

成功とは、その人がどれだけ高くまで登れるかではなく、どん底からどれだけ高く這い上がるかで測るのだ。

ジョージ・パットン／アメリカの陸軍軍人

Vocabulary　□ measure（動）～を測る
　　　　　　　□ bounce（動）バウンドする
　　　　　　　□ hit bottom　どん底を経験する

☺「どん底からどれだけ高く這い上がれるか」という成功の定義は面白いですね。絶対的な高さで成功を測ることもできますが、どん底からどれだけ這い上がれるかで、その人の逆境をはねのける力がわかるので、この定義もアリですね。

Do you want to know who you are? Don't ask. Act!
Action will delineate and define you.

自分が一体誰なのか知りたいだって？　そんな質問は無意味だ。行動しなさい！　行動があなたを定義するのだ。

トーマス・ジェファーソン／第3代アメリカ大統領

Vocabulary　□ delineate（動)〜についてわかりやすく説明する
　　　　　　　□ define（動)〜を定義する

😊 アメリカ独立宣言を起草したことでも知られているトーマス・ジェファーソン。共和制を理想として独立期のアメリカを導いた彼は「行動の人」だったことが、この名言からもわかります。

I always wonder why birds choose to stay in the same place when they can fly anywhere on the earth, then I ask myself the same question.

私はいつも不思議に思う。鳥は地球のどこにでも飛んで行けるのに、なぜ同じ場所にとどまることを選ぶのだろう。そして、同じ質問を自分にも問うのだ。

アドナン・オクタル／トルコの反進化論者

Vocabulary　□ choose to do（動)〜することを選ぶ

😊 私たちはどこへでも行けるし、住めるし、働ける自由があるにもかかわらず、つい1カ所にとどまってしまいがちです。人は自由を望む一方で、安心や安定を求めるからでしょう。

30 no matter what
「どんなに〜でも」と言う

Wherever you go, **no matter what** the weather, always bring your own sunshine.

どこへ行こうと、どんな天気であろうとも、いつも心に太陽を持ち歩くのだ。

アンソニー・J・ダンジェロ／アメリカの慈善活動家

☺ always bring your own sunshineという表現が素敵です。項目8でオノ・ヨーコも笑顔の大切さを強調していますが、いつも心に太陽を持ち歩くことを心がけたいです。

文法の説明

「どんなに〜でも」と言うとき、no matterの後にwhatやhowなどの疑問詞をつけて表します。疑問詞の後には通常、主語と動詞を続けますが、文脈から何を言っているのかわかるときには省略することもあります。

例文のno matter what the weatherは「どんな天気であろうとも」という意味です。weatherの後にis likeが省略されています。

no matter what the weather (is like), always bring your own sunshine.
 no matter what　　＋　　主語　　　（＋動詞）

no matterを使った他の名言

No matter what a woman looks like, if she's confident, she's sexy.

ルックスがどんなであれ、自分に自信を持っている女性は、セクシーだわ。

パリス・ヒルトン／アメリカのファッションモデル

Vocabulary □ confident（形）自信がある

☺ 自分に自信がある人が魅力的に見えるという意見には同感です！

No act of kindness, no matter how small, is ever wasted.

親切な行為は、どんなにささいなことであれ、決して無駄にならない。

イソップ／古代ギリシャの寓話作家

Vocabulary □ waste（動）〜を無駄にする

☺ how smallの後にit isが省略されています。

「ウサギとカメ」「北風と太陽」などで有名なイソップです。子どもの頃に童話として読んだだけですが、不思議なことにイソップの童話から学んだ教えは、今でも心の中に残っています。

Laughter heals all wounds, and that's one thing that everybody shares. No matter what you're going through, it makes you forget about your problems. I think the world should keep laughing.

笑いはすべての傷を癒してくれる。それは全世界共通している。どんなに辛いときでも、笑いは問題を忘れさせてくれる。だから、世界は笑いを忘れてはならないのだ。

ケヴィン・ハート／アメリカの俳優

Vocabulary
- laughter（名）笑い
- wound（名）傷
- go through（苦労など）を経験する
- keep doing（動）〜し続ける

☺ laughもsmileも同じ「笑う」という意味ですが、laughはおかしいことがあって「声を出して笑う」、smileは「声を出さずにニコッとする」ことです。

　家族が亡くなって本当に辛かったとき、その悲しみに耐えられず、何も考えずに心から笑えるお笑い番組はないかと探したことがありました。矛盾しているように聞こえるかもしれませんが、辛いときほど人は笑いを必要とするのです。

不定詞・動名詞を使って表現の幅を広げる！

31 doing
「〜すること」という意味で、動詞を名詞のように使う

Quality means **doing** it right when no one is watching.
品質とは、誰も見ていないときにきちんとやることだ。

ヘンリー・フォード／フォード・モーターの創業者

☺ qualityについて、これほどわかりやすく説明した定義は見たことがありません！

文法の説明

動詞を「〜すること」と名詞のように使うとき、「動名詞（動詞の原形＋-ing）」にします。例文のQuality means **doing** it rightの**doing**は、meansの目的語なので動名詞として使い、「すること」という意味になります。なお、例文のno one is watchingのwatchingは現在進行形で使う「動詞の原形＋-ing」です。

> Quality means **doing** it right when no one is watching.
> 　　　　　　動詞の原形＋-ing
> （×Quality means do it right…）

108

動名詞を使った他の名言

Success is doing ordinary things extraordinarily well.
成功とは、普通のことを並はずれてうまくやることだ。

ジム・ローン／アメリカの実業家

Vocabulary　□ ordinary（形）普通の
　　　　　　　□ extraordinarily（副）並はずれて

😊 ordinaryとextraordinarilyを対比して使っているところがうまいですね。成功とは、目の前のことを並はずれてうまくできるようになること——これなら自分でもやれるという気がしてきます。

I can accept failure, everyone fails at something. But I can't accept not trying.
失敗は受け入れられる。誰だって不得意なものはある。しかし、挑戦しないことは受け入れられない。

マイケル・ジョーダン／アメリカの元プロバスケットボール選手

Vocabulary　□ accept failure 失敗を受け入れる

😊 not tryingのように、動名詞を否定するとき、notは動名詞の前に置きます。I can't accept not tryingというセリフ、カッコいいですね。

Management is doing things right; leadership is doing the right thing.

物事を正しく遂行するのがマネジメントであり、正しいことを行うのがリーダーシップである。

ピーター・ドラッカー／マネジメントの父と称される経営学者

☺doing things rightとdoing the right thingはどう違うのでしょうか？ 次のような説明を見つけました。

「マネジメントは成功のはしごを能率よく上ることであり、リーダーシップとは、はしごが間違った場所にかかっていないか判断すること」

Discovery is seeing what everybody else has seen and thinking what nobody else has thought.

発見とは、誰もが見たことのあるものを見て、他の誰も思いつかなかったことを考えることである。

セント＝ジェルジ・アルベルト／ノーベル生理学賞を受賞したビタミンCの発見者

Vocabulary　☐ discovery（名）発見

　　　　　　　☐ **what everybody else has seen**
　　　　　　　　他の誰もが見たことがあるもの

☺what everybody else has seen（他の誰もが見たことのあるもの）とwhat nobody else has thought（他の誰も思いつかなかったこと）の対比表現がうまいですね。ビタミンCの発見者だけに納得の名言です。

32 to do
「〜すること」という意味で、動詞を名詞のように使う

To improve is to change; to be perfect is to change often.

向上することは、変わることだ。完璧でいるということは、頻繁に変わることだ。

ウィンストン・チャーチル／第61、63代イギリス首相

Vocabulary □ improve（動）〜を改善する

☺完璧でいることは、静止した状態でなく、変わり続けるというのは大きな発見でした。

文法の説明

動詞を「〜すること」と名詞のように使うとき、「to不定詞（to＋動詞の原形）」でも表せます。例文のto improveは「向上すること」、to changeは「変わること」、to be perfectは「完璧でいること」という意味で、名詞のように使っています。

To improve is to change.
　to＋動詞の原形　　to＋動詞の原形

（×Improve is change.）

to不定詞を使った他の名言

The first duty of love is to listen.
愛の第一の義務は、耳を傾けることである。

パウル・ティリッヒ／ドイツの神学者

Vocabulary □ duty（名）義務

☺当たり前のことなのに、なかなか思いつかない愛の定義です。でも、すぐに実践できることなので、今日から新たな気持ちで頑張ろうと思います。

The purpose of business is to create a customer.
ビジネスの目的は、顧客を創造することだ。

ピーター・ドラッカー／マネジメントの父と称される経営学者

☺find a customerではなく、create a customerと言っていることがポイントです。顧客のニーズを掘り起こし、新たな商品やサービスにすることで、新しい顧客を創り出すことを、ドラッカーは主張しているのでしょう。

The first and best victory is to conquer self.
最初にして最大の勝利というのは、自分に打ち克つことだ。

プラトン／ギリシャの哲学者

Vocabulary □ conquer（動）〜に打ち克つ

☺最初にすべきことは、他人との戦いではなく自分との戦いであり、自分が最も手強い相手だということを、プラトンは言っているのです。真理をつく名言ですね。

33 I want to do 「～したい」と言う

If you want to make enemies, try to change something.

敵を作りたいなら、何かを変えようとしてみなさい。

ウッドロウ・ウィルソン／第28代アメリカ大統領

Vocabulary　□ enemy（名）敵
　　　　　　　□ try to do（動）～しようとする

☺ だれも敵を作りたいとは思いませんが、この名言を見て、何かを変えようとすれば敵が現れるのは仕方がないことだと思えるようになりました。敵を作ってでも変えなければならないことも、ときにあります。何かを変えようとするときは、敵と対立する覚悟が必要なのですね。

文法の説明

「～したい」と希望や願望を言うとき、「want to＋動詞の原形」「would like to＋動詞の原形」を使います。wantもwould likeも後にto不定詞（to＋動詞の原形）を取る動詞です。would like toはwant toより丁寧な言い方です。

　例文のwant to make enemiesは「敵を作りたい」という意味です。なお、tryも後にto不定詞を取る動詞です。例文ではtry to changeと使われています。

If you **want to make** enemies, try to change something.
　　want to＋動詞の原形

I**'d like to be** a queen in people's hearts.
　would like to＋動詞の原形

want to、would like toを使った他の名言

I**'d like to be** a queen in people's hearts, but I don't see myself being Queen of this country.
私は人々の心の中の女王になりたいと思います。でも、この国の女王になるとは思っていません。

ダイアナ妃／イギリスのチャールズ皇太子の前妃

☺ ダイアナ妃は確実に a queen in people's hearts になったと思います。そして、今でも多くの人はイギリス王妃になってほしかったと思っているのではないでしょうか。

Do you **want to sell** sugared water for the rest of your life, or do you **want to come** with me and change the world?
このまま一生、砂糖水を売り続けたいのか？　それとも私と一緒に世界を変えたいのか？

スティーブ・ジョブズ／アップル社の共同創業者

Vocabulary　☐ the rest of your life　残りの人生

☺ 究極の殺し文句ですね。ジョブズは、当時ペプシコーラの事業担当社長をしていたジョン・スカリーに白羽の矢を立て、18カ月にわたって引き抜き工作をしました。彼を口説くためにジョブズが言った言葉がこれです。ここまで言われて断る人

5 不定詞・動名詞を使って表現の幅を広げる！

がいるでしょうか！

If you want to increase your success rate, double your failure rate.

成功する確率を上げたければ、失敗する確率を倍にすることだ。

トーマス・J・ワトソン／IBMの初代社長

Vocabulary　☐ rate（名）割合
　　　　　　　☐ double（動）〜を倍にする

☺チャレンジする回数を増やすことが、成功率を高めることなのです。

Want to learn to eat a lot? Here it is: Eat a little. That way, you will be around long enough to eat a lot.

たくさん食べる方法を知りたいだって？　答えは、少食にすること。そうすれば長生きできるから、たくさん食べられる。

アンソニー・ロビンズ／アメリカのモチベーション・コーチ

Vocabulary　☐ be around　生きている

☺Want to learnの前にDo youが省略されています。

　この名言、ジョークのようにも聞こえますが、真理をついていますね。

115

34 It is fun to do
「～することは～だ」と言う

It's kind of **fun to do** the impossible.
不可能だということにチャレンジするのは、ちょっと楽しい。

ウォルト・ディズニー／アメリカの映画製作者

Vocabulary　□ kind of　ある程度

　　　　　　　□ the impossible　不可能なこと
　　　　　　　　※「the＋形容詞」で「～なこと」という名詞
　　　　　　　　の意味になります

☺「不可能なことにチャレンジすることが楽しい」なんて、ウォルト・ディズニーのチャレンジ精神と余裕を見せつけた名言ですね。

文法の説明

「～することは～だ」と言うとき、「It is＋形容詞／名詞＋to＋動詞の原形」という構文を使います。主語はitにし、「～すること」という意味上の主語は、to不定詞を使って形容詞や名詞の後に言います。

例文のIt's kind of fun to do the impossible. では、itの内容はto do the impossible（不可能なことにチャレンジすること）で、意味上の主語になっています。

It's kind of *fun to do* the impossible.
It is +　　　　　形容詞＋to＋動詞の原形

It 〜 to 構文を使った他の名言

It is fine to celebrate success, but **it is more important to heed** the lessons of failure.

成功を祝うのは結構だが、もっと大事なのは、失敗の教訓を心に留めることだ。

ビル・ゲイツ／マイクロソフト社の創業者

Vocabulary □ celebrate（動）〜を祝う
　　　　　　　□ heed（動）(忠告など)に注意を払う

☺ 失敗から目をそらしたくなりますが、失敗からしか学べない貴重な教訓もありますから、しっかり心に留めておきましょう。

It is better to fail in originality than **to succeed** in imitation.

人の真似で成功するより、自分のオリジナルで失敗するほうがましだ。

ハーマン・メルヴィル／アメリカの作家

Vocabulary □ originality（名）独創性
　　　　　　　□ imitation（名）模倣

☺ この名言も至極、納得という感じです。人の真似をして成功しても心から喜べないはずですし、長くは続かないでしょう。

It is never safe to look into the future with eyes of fear.

恐れを抱いて未来を見るのは危険だ。

エドワード・H・ハリマン／アメリカの実業家

Vocabulary ☐ fear （名）恐怖

😊 恐れを抱いていたら、見るものすべてが恐ろしく思えてしまうはずです。どんな目で未来を見るかによって、実際に将来が変わってしまうでしょう。人生がうまくいっていないとき、ネガティブな目で未来を見てしまいがちです。意識的に明るい考えを持つよう努めるだけでも、未来は少しずつ明るい方向に向かうはずです。

It's a terrible thing to see, and **have** no vision!

目は見えているのに、未来への展望が見えていないとは、とても残念な話です。

ヘレン・ケラー／アメリカの教育家・社会福祉事業家

Vocabulary ☐ terrible （形）非常に悪い
　　　　　　 ☐ vision （名）未来図、視力

😊 この文のvisionは「未来への展望」という意味で使われていますが、visionには「視力」という意味もあります。「目はあるのに見えていない」という皮肉な状況を表現しているわけです。ヘレン・ケラーは視覚障害者でしたが、visionはしっかりと見えていたのです。

35 It takes 20 years to do 「～するのに～かかる」と言う

It takes 20 years to make an overnight success.
一夜にして成功を収めるのには20年かかる。

エディ・カンター／アメリカの俳優・コメディアン

Vocabulary □ make an overnight success
一夜にして成功を収める

☺ 何かのきっかけで大ブレイクしたとしても、それは単に運がよかったわけではなく、長年の努力の結果だということです。運頼みや神頼みにするのではなく、努力し続けることが大事だということですね。

文法の説明

「～するのに～かかる」と言うとき、動詞takeを使って「It takes＋時間＋to＋動詞の原形」という構文を使います。itを主語に置き、意味上の主語はto以下で表します。「私が～するのに～かかる」と言うときは、takeの後にmeをつけて、It takes me...to doと言います。

例文の It takes 20 years to make an overnight success. の takes 20 yearsは「20年かかる」、itの内容はto make an overnight success（一夜にして成功を収めること）で、意味上の主語になっています。

> It takes 20 years to make an overnight success.
> It+takes ＋ 時間 ＋ to+動詞の原形

It takesを使った他の名言

It takes 20 years to build a reputation and five minutes to ruin it. If you think about that, you'll do things differently.

評判を築くには20年かかるが、それを失くすには5分で足りる。このように考えるなら、慎重に行動するだろう。

ウォーレン・バフェット／アメリカの投資家・経営者

Vocabulary
- build a reputation 評判を築く
- ruin （動）〜をだめにする
- differently （副）違ったように

☺「評判を築くのには長い年月がかかるが、失うのに時間はかからない」という戒めです。慎重な行動を心がけましょう！

It takes less time to do a thing right than to explain why you did it wrong.

なぜ間違えたのかを説明するよりも、始めから正しく行うほうが時間はかからない。

ヘンリー・ワーズワース・ロングフェロー／アメリカの詩人

☺ 私は以前、正しい方法と楽な方法の選択で、楽な方法を選んでしまい、後日、謝罪と説明をしなければなりませんでした。正しい方法を選択するほうが結局は効率的なのだということを改めて思い出させてくれた名言です。

5 不定詞・動名詞を使って表現の幅を広げる！

It usually takes me more than three weeks to prepare a good impromptu speech.

私は気の利いた即興スピーチを準備するのに、たいてい3週間以上かける。

マーク・トウェイン／アメリカの作家

Vocabulary　□ prepare （動）〜を準備する
　　　　　　　□ impromptu speech　即興スピーチ

☺ 即興スピーチとは、事前に周到な準備をして、初めてうまくできるのだということです。

It takes no time to fall in love, but it takes you years to know what love is.

恋に落ちるのはあっという間だが、愛というものを知るには何年もかかる。

ジェイソン・ムラーズ／アメリカの歌手

Vocabulary　□ fall in love　恋に落ちる

☺ この名言を見て思わずうなってしまいました！　人は恋した後に、愛について考え始めますが、愛について知るには本当に時間がかかるのです……。

36 the best way to do
「to＋動詞」を使って名詞を説明する

The best way to find yourself is to lose yourself in the service of others.

自分を見つける一番の方法は、他人への奉仕に没頭することだ。

マハトマ・ガンジー／インド建国の父

Vocabulary □ lose oneself in ～に没頭する

☺ この教えはよく耳にしますが、残念ながら、なかなか実践できていません。どうしても自分を優先順位のトップに置いてしまう。まだまだ修行が足りませんね……。

文法の説明

to不定詞（to＋動詞の原形）を名詞の後につけて、名詞の説明ができます。「何か飲むもの」ならsomething to drink、「すべきこと」ならthings to doと言います。

例文のThe best way to find yourself（自分を見つける一番の方法）では、to find yourselfがThe best wayを説明しています。

The best way to find yourself is to lose yourself
　　　名詞＋to＋動詞の原形　　　　　　　　in the service of others.

「名詞＋to不定詞」を使った他の名言

The best way to predict the future is to create it.
未来を予測する最良の方法は、未来を創ることだ。

ピーター・ドラッカー／マネジメントの父と称される経営学者

Vocabulary □ predict（動）〜を予測する

☺「未来を予測するのではなく、未来を創る」と言ったドラッカー。ふつうとは全く違った視点から物事を見ていることに驚かされます。

I have always believed that when you're feeling sorry for yourself, the best thing to do is help someone else.
私はいつもこう信じてきました。自分をかわいそうだと思うとき、一番にすべきことは誰かを助けることだって。

パトリシア・ヒートン／アメリカの女優

Vocabulary □ feel sorry for 〜をかわいそうに思う
□ someone else 他の誰か

☺正式な文法ではto help someone elseと言いますが、口語ではto不定詞のtoを省略することがあります。

　生きていると、時に「自分ってなんてかわいそうなの……」と自己憐憫に浸りたくなるときがあります。しかし、自己憐憫という負のスパイラルに入りこんだら大変！　不幸を呼び寄せるだけです。そこからの脱出法を教えてくれているのが、この名言です。

Mistakes are always forgivable, if one has the courage to admit them.

過ちは常に許される。過ちを認める勇気を持っていれば。

ブルース・リー／香港の俳優・映画プロデューサー

Vocabulary
- mistake（名）間違い
- forgivable（形）許される
- courage（名）勇気
- admit（動）〜を（事実として）認める

☺ たとえ認めたとしても、許されない過ちはあると私は思いますが、過ちを認めることが相手への償いの第一歩であることは事実です。プライドが邪魔して、自分の過ちを素直に認められないことがあります。謙虚さが必要ですね。

The only way to get the best of an argument is to avoid it.

議論に勝つ方法は、議論を避けることだ。

デール・カーネギー／アメリカの作家

Vocabulary
- get the best of（議論・競技など）に勝つ
- argument（名）議論
- avoid（動）〜を避ける

☺ アメリカではディベートが盛んで、議論で相手に勝つための戦略を練ります。しかし、ビジネスコミュニケーションを扱い、500万部を売り上げた『人を動かす』の著者デール・カーネギーが、議論は避けるべきだと主張していることは注目に値します。

5 不定詞・動名詞を使って表現の幅を広げる！

37 It's time to do
「～するときだ」と言う

The only person who is truly holding you back is you. No more excuses, it's time to change. It's time to live life at a new level.

真の意味であなたを抑えつけているのは、あなただけなのです。言い訳などしないで、変わるときが来たのです。新しいステージで人生を生きるときが。

アンソニー・ロビンズ／アメリカのモチベーション・コーチ

Vocabulary　□ hold back（感情など）を抑える
　　　　　　　□ excuse（名）言い訳

☺結局、自分の成長を阻止しているのは、他人など外的要因ではなく、自分自身なのです。

文法の説明

「～するときだ」と言うとき、「It's time to＋動詞の原形」という構文を使います。「私が～するとき」と言うには、timeの後にfor meをつけてIt's time for me to doと言います。

例文のit's time to changeは「変わるとき」、It's time to liveは「生きるとき」という意味です。

it's time to change.
It's time to＋動詞の原形

125

It's time to doを使った他の名言

I haven't got much time to waste. It's time to make my way. I'm not afraid of what I'll face. But I'm afraid to stay.

ぐずぐずしてなどいられない。前に進むときが来たの。何が起こっても怖くない。今のままでとどまっているのが怖いだけ。

マドンナ／アメリカの歌手

Vocabulary
- [ ] have got　口語でhave（〜を持つ）と同じ意味で使われる表現
- [ ] waste　（動）（お金・時間など）を無駄にする
- [ ] make my way　前に進む
- [ ] what I'll face　私が直面すること
- [ ] be afraid to do　〜するのが怖い

☺1980年代初頭から第一線で活躍してきたマドンナ。彼女の成功の原動力はI'm afraid to stayに凝縮されているように思います。

The only limit is your imagination. It's time for you to begin thinking out of the box.

限界を作っているのは、あなたのイマジネーションだけだ。既存の枠組みや考えから抜け出すときが来た。

スティーブ・ジョブズ／アップル社の共同創業者

Vocabulary
- [ ] think out of the box　型にはまらずに考える

☺think out of the boxという言葉は、creativityについて語るとき、必ずと言っていいほど使われる表現です。

5 不定詞・動名詞を使って表現の幅を広げる！

Does your reality match your expectations? If not, it's time to change either your expectations or your reality.

あなたが直面している現実は、期待通りですか？　そうでないなら、あなたの期待値を変えるか、現実を変えるときが来ているのです。

スティーブン・レッドヘッド／イギリスの自己啓発作家

Vocabulary　□ expectation（名）期待

☺期待値を変えるか、現実を変えるか……とても難しい選択です。期待値を変えたくないので、現実を変えるほうを選ぶことになるのでしょうか。

It's time to start living the life you've imagined.

「こんな人生を生きてみたい」と思った人生を送るときが来たのだ。

ヘンリー・ジェームズ／アメリカ生まれの作家

Vocabulary　□ imagine（動）〜を想像する

☺「生まれ変わったらこんな人生を歩んでみたい」と考えたことはありませんか？　生まれ変わってからではなく、「今」こそ、その人生を生きようとすべきなのです。

38 to do
「～するために」と目的を言う

To avoid criticism, do nothing, say nothing, be nothing.

批判を避けるためには、何もせず、何も言わず、何者にもならないことだ。

エルバート・ハバード／アメリカの作家・教育者

Vocabulary
- avoid criticism　批判を避ける
- nothing　(名)つまらない物・人

☺ 何か行動を起こせば、他人からの批判は免れないということ。批判されることは、自発的に行動している証なのです。

文法の説明

「～するために」と、動作の目的を言うとき、to不定詞（to＋動詞の原形）を使います。フォーマルな言い方では「in order to＋動詞の原形」を使います。例文では、**To avoid** criticism（批判を避けるために）が「目的」を表しています。

To avoid criticism, do nothing, say nothing, be nothing.
to＋動詞の原形

目的を表すto不定詞を使った他の名言

To change one's life, start immediately, do it flamboyantly, no exceptions.

人生を変えたいなら、すぐに始めなさい、それを派手にやりなさい、例外はない。

ウィリアム・ジェームズ／アメリカの哲学者・心理学者

Vocabulary
- immediately（副）すぐに
- flamboyantly（副）派手に
- exception（名）例外

☺ do it flamboyantlyという表現が面白いですね。ウィリアム・ジェームズは「人は考え方を変えることで、人生を変えることができる」と主張しました。

In order to be irreplaceable, one must always be different.

かけがえのない存在になるためには、常に人と違っていなくてはならないの。

ココ・シャネル／「シャネル」の創設者

Vocabulary
- irreplaceable（形）かけがえのない

☺ シャネルは、女性の行動を制限するコルセットに疑問を抱き、紳士服の仕立てや素材を女性服に応用して、「シャネル・スーツ」を生み出しました。また、女性の自立を目指して、女性服にポケットを作ったのも、シャネルが最初でした。シャネルはファッション界で、この名言を実践し続けたのです。

To be successful, you need friends, and **to be** very successful, you need enemies.

成功するには、友人が必要だ。大成功を収めるには、ライバル（敵）が必要だ。

シドニィ・シェルダン／アメリカの作家

Vocabulary　□ successful（形）成功した
　　　　　　　　□ enemy（名）敵

☺ ライバルと聞いてすぐに思い浮かぶのが、スティーブ・ジョブズとビル・ゲイツです。ビル・ゲイツはアップル社のマッキントッシュ試作品を元にウィンドウズを作りました。

　ジョブズは、ビル・ゲイツを「他人のアイデアを盗む恥知らずだ」と公然と非難し、2人の間に確執があったこともありました。しかし、この宿命のライバルが存在しなかったら、今のようにパソコンやスマートフォンを自由に使える世の中にはなっていなかったでしょう。ジョブズもビル・ゲイツも相手に勝とうと切磋琢磨した結果、世界を変えることができたのだと思います。

　強力なライバルとは、自分の能力をどんどん引き出してくれる、とても有り難い存在なのかもしれません。

39 how to do 「〜する方法」と言う

You can't win unless you learn **how to lose**.
負けを知らなきゃ、勝利なんて得られないさ。

カリーム・アブドゥル＝ジャバー／アメリカの元プロバスケットボール選手

Vocabulary □ unless（接）〜しない限り

☺ 一生勝ち続けられる人など、この世に存在しません。負けたときに何を学ぶかで、次の勝負の結果が決まるのだと思います。

文法の説明

「〜する方法」と言うとき、「how to＋動詞の原形」を使います。例文のhow to loseは「負け方」という意味です。

You can't win unless you learn **how to lose**.
　　　　　　　　　　　　　　　　　how to＋動詞の原形

how toを使った他の名言

The secret to creativity is knowing how to hide your sources.

アイデアの出所をうまく隠せば、誰でもクリエイティブになれる。

アルベルト・アインシュタイン／ノーベル物理学賞受賞の物理学者

Vocabulary
- [ ] hide（動）〜を隠す
- [ ] source（名）出所

☺自分のオリジナルだと主張できるものなど何もない。いいアイデアを思いついても、それは必ず誰かがすでにやっていることだという意味です。

Give a man a fish, and you feed him for a day, teach him how to fish and you feed him for a lifetime.

人に魚を与えれば、1日食べさせられる。人に魚の釣り方を教えれば、一生食べさせられる。

老子／中国の哲学者

Vocabulary
- [ ] feed（動）(人)に(食物)を与える
- [ ] lifetime（名）一生

☺名言の内容は当然のことですが、実践できないことが多いものです。与える側にとって、魚の釣り方を教えるより、魚をあげるほうがずっと楽で簡単だからです。相手をどれだけ大切に思っているかで、どちらをするかが決まるのでしょう。

5 不定詞・動名詞を使って表現の幅を広げる！

The most important single ingredient in the formula of success is knowing how to get along with people.

成功するための最も重要な要素は、人とうまくつき合う方法を知っていることである。

セオドア・ルーズベルト／第26代アメリカ大統領

Vocabulary
- ingredient（名）要素
- formula（名）公式
- get along with people 人とうまくつき合う

☺ どんなに能力があっても、1人では仕事はできません。人と協力しながら仕事をするわけですから、人とうまくつき合えるかどうかが、成功の鍵となるのでしょう。

Don't tell them how to do things, tell them what to do and let them surprise you with their results.

やり方を教えてはならない。やるべきことを伝え、彼らがどういう結果を出してあなたを驚かせるのかを見るのだ。

ジョージ・パットン／アメリカの陸軍軍人

Vocabulary
- what to do 何をすべきか
- surprise（動）〜を驚かせる
- result（名）結果

☺ この名言のメッセージが、教育現場にも活かされるといいと思います。問題を提示し、生徒自身に解決策を見つけさせるような、創造力を伸ばす授業がもっとあればいいのですが。

比較の表現も言える！

40 as important as
2つを比較して「同じくらい〜だ」と言う

For success, attitude is equally **as important as** ability.
成功するためには、能力と同じくらい重要なのが、それに向かう姿勢だ。

ウォルター・スコット／スコットランドの詩人・作家

Vocabulary
- attitude（名）姿勢
- ability（名）能力

☺ どんなに才能豊かでも、仕事に向かう姿勢がまずければ、成功しないということです。才能はちょっとやそっとで身につけられるものではありませんが、仕事に向かう姿勢は明日からでも変えられます。仕事との向き合い方を見直してみましょう。

文法の説明

AとBを比較して、「AとBは同じくらい〜だ」と言うとき、「as＋形容詞／副詞＋as」を使います。また、後述の「AとBは同じ数だ」は「as many＋可算名詞＋as」、「同じ量だ」は「as much＋不可算名詞＋as」と言います。可算名詞にはmany、不可算名詞にはmuchを使います。

例文ではattitudeとabilityを比較して、2つが同じように重要だということを **as important as** と表しています。equallyをつけて意味を強めていますが、equallyがなくても同じくらい重要だという意味を表せます。

For success, attitude is equally as important as ability.
　　　　　　　　A　　　　　　　　　as＋形容詞＋as　　　B

Dreams have as much influence as actions.
　A　　　　　as much＋不可算名詞＋as　　B

as 〜 asを使った他の名言

Dreams have as much influence as actions.
夢は実際の行動と同じくらいの影響力を持つ。

ステファヌ・マラルメ／フランスの詩人

Vocabulary　☐ influence（名）影響（力）

☺ 夢には実体がありませんが、夢があることで人の生き方は変わりますから、実際の行動と同じくらいの影響力を持つという主張は納得がいきます。

A man is as old as he feels, and a woman is as old as she looks.
男性の年齢は気力で決まり、女性の年齢は外見で決まる。

英語のことわざ

☺ 女性に関しては、残念ですが、名言の通りですね。だからこそ、アンチエイジングは女性の永遠のテーマなのです。

It is as hard to see one's self as to look backwards without turning around.

振り返らずに後ろを見るのが難しいのと同じくらい、自分自身を見つめることは難しい。

ヘンリー・デイヴィッド・ソロー／アメリカの作家・思想家

Vocabulary ☐ turn around 振り返る

☺ 振り返らずに後ろを見ることは、鏡がなければ絶対に不可能なので、それぐらい自分を客観視することは難しいと言いたいのでしょう。

Asking the right questions takes as much skill as giving the right answers.

適切な質問をすることは、適切に答えるのと同じくらいの技術を要する。

ロバート・ハーフ／アメリカの実業家

Vocabulary ☐ take（動）(勇気・労力など) を必要とする

☺ 質問の内容によって、議論が深まる場合もあれば、話がテーマからそれてしまうこともあります。

適切な質問をするほうが、より幅広い知識や能力が必要とされるのではないでしょうか。

6 比較の表現も言える！

41 not as important as
2つを比較して「〜ほど〜ではない」と言う

What happens is not as important as how you react to what happens.

実際に起こることは、それにどう反応するかということほど重要ではない。

タデウス・ゴラス／アメリカの作家

Vocabulary
- [ ] what happens 起こること
- [ ] react to（動）〜に反応する

☺生老病死といった、生きていくうえで人間が経験する苦悩に出遭ったとき、心が折れて絶望的になるか、それとも、その苦悩を受け入れて精神的により強い人間になるかは、個人によって違います。同じ経験をした2人でも、反応が違えば、その後の人生が変わるでしょう。名言が指摘する通り、結局重要なのは、「出来事」より「その出来事に対する反応」なのですね。

文法の説明

　AとBを比較して、「AはBほど〜でない」と言うとき、「not as＋形容詞／副詞＋as」を使います。A is not as important as B.（AはBほど重要でない）という構文を使った名言がたく

さんあるので、この表現に特化してご紹介します。

例文では、Aに当たるのがWhat happens、Bに当たるのがhow you react to what happensです。

> What happens is not as important as
>   A   not as +形容詞 +as
> how you react to what happens.
>   B

not as important asを使った他の名言

What you get by achieving your goals is not as important as what you become by achieving your goals.
目標を達成して得られるものは、目標を達成してどのような人間になるかほど重要ではない。

ヘンリー・デイヴィッド・ソロー／アメリカの作家・思想家

Vocabulary　□ what you get　あなたが得るもの
　　　　　　　　□ achieve your goals　あなたの目標を達成する

☺ 含蓄のある名言です。結局大事なのは、人間としてどれだけ成長できたかということ。社会的に成功を収めても、おごった人間になってしまったら意味がありません。

The family you come from isn't as important as the family you're going to have.
あなたが生まれた家族は、あなたがこれから作ろうとする家族ほど重要ではない。

リング・ラードナー／アメリカの作家・ジャーナリスト

Vocabulary ☐ come from ～の出身である

☺「子どもは親を選べない」という言葉があります。生まれた家族は選べませんが、私たちがこれから作ろうとする家族は100パーセント自分で選べます。そして、ご自分の家族をお持ちの方にとっては、今の家族が生まれ育った家族より重要だということです。

Where you start is not nearly as important as where you finish.

どこから始めるかは、どこで終わるかに比べたら全く重要ではない。

ジグ・ジグラー／アメリカのモチベーション・スピーカー

Vocabulary ☐ not nearly 全然～でない

☺ 始めがどうであれ、結果がすべてということですね。All's well that ends well.（終わりよければ、すべてよし）ということわざ通りです。

42 twice as much as
2つを比較して「〜は〜の2倍だ」と言う

We have two ears and one mouth so that we can listen **twice as much as** we speak.
口は１つなのに耳が２つあるのは、話す倍の量を聞くためだ。

エピクテトス／ギリシャ生まれの哲学者

Vocabulary ☐ so that〜can…
　　　　　　　（目的を表して）〜が…できるように

☺ 聞くことがいかに大切かをわかりやすく教えてくれる名言です。英会話の学習で忘れがちなのが、相手の話を一生懸命に聞くことです。

　母国語と違って英語はうまく話せないのですから、相手の話を一生懸命聞いて相手に関心を持ち、質問することが大切なのです。good listenerはそう簡単に見つからないので、相手の心を鷲づかみにできますよ！

文法の説明

　AとBを比較して、「AはBの2倍」と言うとき、twiceを使って「twice as＋形容詞／副詞＋as」と言います。ちなみに、半分なら half、3倍ならthree timesを使います。例文のlisten **twice as much as** we speakは「話す倍の量を聞く」という意味です。

We have two ears and one mouth so that we can listen twice as much as we speak.

 A twice as+副詞+as   B

twice as ～ asを使った他の名言

If you want your children to turn out well, spend twice as much time with them and half as much money.

子どもに立派に育ってほしいと願うなら、子どもと過ごす時間を倍にし、かけるお金は半分にしなさい。

アビゲイル・ヴァン・ビューレン／アメリカのコラムニスト

Vocabulary　□ want＋人＋to do　人に〜してもらいたい
　　　　　　　□ turn out well　立派に育つ

☺ 現代は親も子どもも忙しすぎて、親子が一緒に過ごす時間が取れない反面、親は子どもに高価なゲームやおもちゃをたくさん与えています。この名言は子育て中の親御さんにぴったりのメッセージではないでしょうか。

Whatever women do, they must do twice as well as men to be thought half as good. Luckily, this is not difficult.

何をするにせよ、女性は男性の２倍いい仕事をしても、認められるのは半分だけ。幸運にも女性にとってそれは難しくないのです。

シャーロット・ウィトン／カナダの政治家

Vocabulary　□ whatever women do　女性が何をするにせよ

☺ Luckily, this is not difficult. にシャーロット・ウィトンの女性としての自負を感じます。

In general, mankind, since the improvement of cookery, eats twice as much as nature requires.

概して人類は、料理法が改善されてから、身体が必要としている２倍の量を食べている。

ベンジャミン・フランクリン／アメリカの政治家・外交官

Vocabulary
- [ ] in general 概して
- [ ] mankind （名）人類
- [ ] improvement of cookery 料理法の改善
- [ ] require （動）〜を必要とする

☺ 耳が痛い言葉です……。

You have to have a ton of passion for what you're doing because being an entrepreneur is probably twice as hard as you think it's going to be. The good news is that it's probably twice as much fun when it's going well.

現在していることに、あふれるほどの情熱を持たねばならぬ。起業とは、予想していた困難の２倍大変だが、嬉しいことに、うまくいけば楽しさも倍になる。

キース・ベリング／アメリカの実業家

Vocabulary
- [ ] a ton of かなりの量の
- [ ] passion （名）情熱
- [ ] what you're doing あなたが現在していること
- [ ] entrepreneur （名）起業家
- [ ] go well うまく行く

☺ 事業経営に乗り出すのは大変だからこそ成功したときの喜びは、予想をはるかに超えたものなのでしょう。

43 A is worse than B
2つを比較して「AはBより〜だ」と言う

6 比較の表現も言える！

Indecision is often worse than wrong action.
決断しないことは、しばしば間違った行動よりたちが悪い。

ヘンリー・フォード／フォード・モーターの創業者

Vocabulary □ indecision（名）優柔不断

☺ 決断しないことも、1つの決断ではないかと思いますが、決断すべきときにしないのは最悪だということですね。

文法の説明

　AとBを比較して、「AはBより〜だ」と言うとき、「形容詞／副詞＋-er」あるいは「more＋形容詞／副詞」を使います。この形を「比較級」と言います。「より長い」はlonger、「より重要な」はmore importantと言います。-erとmoreの使い分けは、単語の母音の数で決まります。原則として母音が1つの単語には-erをつけ、2つ以上の単語にはmoreをつけます。また、goodやbadの比較級はbetter、worseと特殊な語になります。
　「Bより」と比較するものを言うときには、than Bを比較級の後につけます。
　例文ではindecisionとwrong actionを比較して、「indecision（決断しないこと）のほうが悪い」と言い、badの比較級worse

145

が使われています。

> Indecision is often **worse than** wrong action.
> 　A　　　　　　　　比較級＋than　　　B

比較級を使った他の名言

Well done is **better than** well said.
よく為(な)すは、よく語るに勝(まさ)る。

ベンジャミン・フランクリン／アメリカの政治家・外交官

☺ この名言、日本語の「不言実行」に似ていますね。同じ意味を表すことわざ、Actions speak louder than words.（行為は言葉よりも雄弁）もあります。

　自分の意見をしっかり述べることに重きを置く英語圏でも、言葉だけで行動が伴わなければ意味がないと考えていることがわかります。

Leaders are **more powerful** role models when they learn **than** when they teach.
リーダーは、人に教えているときより、自ら学んでいるときに、より強力な手本となる。

ロザベス・モス・カンター／アメリカのコンサルタント・ハーバード大学教授

Vocabulary 　☐ role model　役割モデル（役割で模範となる人物）

☺ これも含蓄ある名言です。教わる側の部下にとって、自分たちの役割モデルはリーダーではなく、学び方がうまい人物です。したがってリーダー自身が学んでいるときのほうが、より強力な手本になるという論理は至極納得がいきます。

6 比較の表現も言える！

Imagination is more important than knowledge. Knowledge is limited. Imagination encircles the world.

想像力は知識より重要である。知識には限界があるが、想像力には限界がない。

アルベルト・アインシュタイン／ノーベル物理学賞受賞の物理学者

Vocabulary
- imagination（名）想像力
- knowledge（名）知識
- encircle（動）〜を一周する

😊 インターネットのおかげで世界中の人が知識や情報を共有できるようになりました。しかし、ネット上にはこれまで存在したものしか見つかりません。

アインシュタインは、この知識の限界を超えるには、想像力が必要だと言っているのだと思います。

もちろん、知識がなくては想像することさえできないので、知識を得る重要性も見逃せません。

147

44 the most important
3つ以上の中で「一番〜だ」と言う

The most important thing in communication is hearing what isn't said.

コミュニケーションで最も大事なことは、言葉になっていないことを聞き取ることだ。

ピーター・ドラッカー／マネジメントの父と称される経営学者

Vocabulary □ what isn't said 言われていないこと

☺ 言外の意味を理解しようとするのは日本人の得意分野ですが、これがコミュニケーションで最も大事だとドラッカーが主張しているのには驚きました。

文法の説明

3つ以上の中で「一番〜だ」と言うとき、「形容詞／副詞＋-est」あるいは「most＋形容詞／副詞」を使います。これを「最上級」と言います。「一番素晴らしい」はgreatest、「一番重要な」はmost importantになります。goodやbadの最上級はbest、worstと特殊な語になります。最上級の前にmy、yourなど所有格の代名詞がない限り、theをつけます。しかし、副詞の最上級にはtheを省略することがあります。次の例文では、The most important thing in communicationが「コミュニケー

ションで最も大事なこと」という意味を表し、importantの最上級most importantが使われています。

The most important thing in communication is hearing
the ＋ 最上級
what isn't said.

最上級を使った他の名言

First impressions are the most lasting.
第一印象が、一番長く記憶に残る。

英語のことわざ

Vocabulary ☐ lasting （形）永続的な

☺ 第一印象に関しては、You never get a second chance to make a first impression.（一度与えた第一印象をやり直すチャンスは二度とない）ということわざもあります。

Your most unhappy customers are your greatest source of learning.
最も不満を持った顧客こそ、あなたが最も学ぶことができる、貴重な存在である。

ビル・ゲイツ／マイクロソフト社の創業者

Vocabulary ☐ source （名）源、源泉

☺ 企業が顧客からのクレームは大変貴重だと心底思っているなら、その謙虚な態度は称賛に値しますね。

The worst sin towards our fellow creatures is not to hate them, but to be indifferent to them.

人間に対する最大の罪は、彼らを憎むことではなく、彼らに無関心であることだ。

ジョージ・バーナード・ショー／イギリスの劇作家

Vocabulary
- sin（名）罪
- towards（前）〜に対して
- fellow creature　仲間としての人
- indifferent to（形）〜に対して無関心な

☺ 人間性の本質をついた名言ですね。無関心は、その人の存在を認めていないのと同じですから、ひどい仕打ちです。

It is not the strongest of the species that survive, nor the most intelligent but the ones most responsive to change.

最も強い種ではなく、最も賢い種でもない。環境の変化に最も敏感に順応する種が、生き残るのだ。

チャールズ・ダーウィン／イギリスの自然科学者

Vocabulary
- species（名）（分類上の）種
- survive（動）生き残る
- nor（接）〜もまた…ない
- intelligent（形）聡明な
- responsive to（形）〜に敏感な

☺ 例文は「It is〜that」の強調構文で、強調したい語句をit isとthatの間に置きます。the onesのonesはspeciesを指しています。
　社会が目まぐるしく変化している今日、このダーウィンの言葉ほど、的を射たメッセージはありません！

45 the more~, the more~
「〜すればするほど〜だ」と言う

The miracle is this: the more we share, the more we have.

驚くべきことは、次のようなことだ。人と分かち合えば分かち合うほど、より豊かになる。

レナード・ニモイ／アメリカの俳優

Vocabulary □ miracle （名）奇跡

☺これも覚えておきたい名言ですね。自分が豊かになれるように分かち合うのではなく、人が喜んでくれるのが嬉しいから、分かち合う、という気持ちでシェアしたいと思います。

文法の説明

「〜すればするほど〜だ」は「the＋比較級＋主語＋動詞, the＋比較級＋主語＋動詞」という構文を使います。

ただし、The sooner, the better.（早ければ早いほどよい）、The more, the merrier.（〈集まりなどの〉人数が多ければ多いほど楽しい）のような決まり文句では、「主語＋動詞」を省略することがあります。例文は、we share more（もっと分かち合う）、we have more（より多くを所有する）を、この構文にアレンジしたものです。

> The more we share, the more we have.
> the＋比較級＋主語＋動詞　　the＋比較級＋主語＋動詞

「the＋比較級, the＋比較級」を使った他の名言

The more you are in a state of gratitude, the more you will attract things to be grateful for.

あなたが感謝の気持ちでいればいるほど、感謝すべきことをどんどん引きつけるようになる。

ウォルト・ディズニー／アメリカの映画製作者

Vocabulary
- [ ] state（名）状態
- [ ] gratitude（名）感謝の気持ち
- [ ] attract（動）〜を引き寄せる
- [ ] grateful for（形）〜に感謝している

☺「開運は、感謝の気持ちにあり」です。

I am a great believer in luck, and I find the harder I work, the more I have of it.

私は運というものを固く信じている。そして気づいたのは、一生懸命働けば働くほど、運がついてくるということだ。

トーマス・ジェファーソン／第3代アメリカ大統領

Vocabulary
- [ ] great believer in 〜を固く信じる

☺「開運は勤勉にあり」でもあります。

The more you are motivated by love, the more fearless and free your action will be.

あなたの原動力となる愛が大きければ大きいほど、行動はより果敢になり、自由になる。

ダライ・ラマ14世／チベット仏教の最高指導者

Vocabulary □ fearless （形）恐れを知らない

☺ 親は、子どもを守るためだったら何でもするでしょう。お金や地位・名誉ではなく、愛が人に勇気を与え、自由にするというのは真理ですね。

An archaeologist is the best husband any woman can have: the older she gets, the more interested he is in her.

考古学者は、どんな女性にとっても最高の夫です。妻が年を取れば取るほど、興味を持ってくれるのですから。

アガサ・クリスティー／イギリスの作家

Vocabulary □ archaeologist （名）考古学者
　　　　　　　□ be interested in ～に興味を持つ

☺ この名言はアガサ・クリスティーが考えたジョークだと思っていましたが、実生活に基づいた言葉だと知り驚きました。

アガサ・クリスティーは、謎の失踪事件を起こしたり、最初の夫と離婚したりするなど、精神的に不安定な時期がありました。

しかし、考古学者マックス・マローワンと再婚してからは精神的に安定し、『オリエント急行の殺人』などの傑作を次々に世に送り出します。考古学者はまさに最高の夫のようですね！

46 not ~ any longer
「これ以上〜ない」と言う

Hell is when you are **not** able to love **any longer**.
地獄とは、もはや愛することができない状態のことだ。

ジョルジュ・ベルナノス／フランスの作家・思想家

Vocabulary □ hell （名）地獄

☺ 地獄というと、戦争のような悲惨な状況をすぐに思い浮かべますが、「人を愛せない」といった心の中の地獄もあるということを、この名言は思い出させてくれました。

今日の平和な日本には地獄という言葉は当てはまりませんが、心の中の地獄に苦しんでいる人は想像以上に多いのかもしれません。

文法の説明

「以前は〜だったが、これ以上〜ない」と言うとき、not ~ any longer、no longer、not ~ anymoreという表現を使います。例文のyou are **not** able to love **any longer**は「これ以上愛することができない」という意味です。

> Hell is when you are **not** able to love **any longer**.
>   not   any longer

not～any longer、no longer、not～anymore を使った他の名言

When we are no longer able to change a situation, we are challenged to change ourselves.

これ以上状況を変えることができないなら、我々自身が変わるように試されているのだ。

ヴィクトール・フランクル／オーストリアの精神科医・ホロコースト生存者

Vocabulary　☐ situation （名）状況
　　　　　　　☐ challenge （動）（能力など）を試す

☺何によって自分自身が変わるように試されているのでしょうか？　ヴィクトール・フランクルは「人は人生によって試される」と考えました。この人生からの問いに責任を持って答えることが、生きる意味であり、使命だと彼は説いています。

　ナチスの強制収容所を生き抜いた彼は、「人生のどんな状況にも意味がある」と主張し、生きがいが見つからずに悩んでいる人たちに心強いメッセージを残しています。

A heart once poisoned by suspicion has no longer room for love.

疑いの念でいったん毒された心には、もはや愛の入り込む余地はない。

アウグスト・フォン・コッツェブ／ドイツの劇作家

Vocabulary　☐ poison （動）～を毒する
　　　　　　　☐ suspicion （名）疑い
　　　　　　　☐ room （名）余地

☺一度相手を疑い始めたら、もう後戻りはできないということを私も経験したことがあります。そこにはもはや、信頼や愛の入り込む余地はないですね。

People suffer because they are caught in their views. As soon as we release those views, we are free and we don't suffer anymore.

人は、自らの考えに縛られるから苦しむのだ。それらを手放したとたん、我々は自由になり、もはや苦しみは消え去る。

ティク・ナット・ハン／ベトナム生まれの禅僧・平和運動家

Vocabulary
- suffer （動）苦しむ
- view （名）考え方
- as soon as 〜したらすぐに
- release （動）（束縛などから）〜を解き放す

☺自分の考えに縛られず、相手の意見を素直に聞くことができたら、どんなに楽でしょう。人はなぜか、他人の考えに従うのがくやしいのです。

　この名言はその苦しみから解放される方法を教えてくれています。

「十分〜だ」
「〜すぎる」と
伝える！

47 too late to do
「〜するには〜すぎる」と言う

The time for action is now. It's never **too late to do** something.
実行するのは、今だ。始めるのに遅すぎるということは決してない。

アントワーヌ・ド・サン＝テグジュペリ／フランスの作家・飛行士

☺ 以前流行った言葉、「いつやるか？」「今でしょ！」と同じメッセージです。

文法の説明

「〜すぎる」とマイナスの評価を言うとき、形容詞や副詞の前にtooをつけます。さらに「〜するのに」と判断基準を言うときには、その後にto不定詞（to＋動詞の原形）を続けます。

　例文ではnever too late（遅すぎるということは決してない）と評価を言い、次にto do something（何かするのに）と判断基準を述べています。

> It's never **too late to do** something.
> 　　　　　too＋形容詞＋to＋動詞の原形

too～toを使った他の名言

It's always **too early to quit**.
どんなときも、あきらめるには早すぎる。

ノーマン・ビンセント・ピール／アメリカの牧師・作家

Vocabulary □ quit （動）あきらめる

☺ すぐにあきらめてしまうことを戒める名言です。あきらめようかと思ったら、この名言を思い出して、もう少し頑張ってみてください。

You are never **too old to set** another goal or **to dream** a new dream.
新たな目標を立てたり、新たな夢を見たりするのに、年を取りすぎていることなど決してない。

C・S・ルイス／アイルランド系のイギリスの学者・作家

Vocabulary □ set a goal 目標を立てる

☺ 年を重ねるにつれて、年齢を言い訳にしてあきらめてしまうことが多くなります。身体的な理由から無理なことがあるのも事実ですが、やろうと思えばできることもたくさんあります。年齢を言い訳にせず、常に新しい目標を立てて努力していきたいと思います。

Life is **too short to do** the things you don't love doing.
人生は、夢中になれないことをするには、あまりに短すぎる。

ブルース・ディッキンソン／イギリスの歌手

☺ブルース・ディッキンソンを調べてみました。彼はバンドのボーカルですが、パイロットとしてボーイング757を操縦し、フェンシングやクリケットといったスポーツでも活躍しました。また小説家デビューも果たし、ホラー映画では脚本の共同執筆もしました。

彼の人生を知ると、この名言は彼の正直な気持ちを語った言葉だとわかります。私たちもつまらないことに貴重な時間を割くのはもうやめましょう。

Success usually comes to those who are too busy to be looking for it.

成功とはたいてい、忙しすぎて成功を追い求める暇もないような人にやって来る。

ヘンリー・デイヴィッド・ソロー／アメリカの作家・思想家

Vocabulary　☐ success（名）成功
　　　　　　　☐ those who 〜する人

☺成功を目標とせず、成功について考える暇もないほど、自分のやるべきことを一心不乱にやっている人に、成功の神様が微笑むのでしょう。

48 brave enough to be
「～するのに十分～だ」と言う

Be bold, be **brave enough to be** your true self.
本当の自分でいる大胆さと勇気を持て。

クィーン・ラティファ／アメリカのラッパー・歌手

Vocabulary □ bold （形）大胆な
□ brave （形）勇気のある

☺ どの社会においても、本当の自分を見せるというのはすごく勇気のいることです。少しずつでもいいから、本当の自分を出す努力をしたいものです。

文法の説明

「十分～だ」とプラスの評価を言うとき、形容詞や副詞の後にenoughを置きます。「十分に勇気がある」はbrave enoughです。一方、「十分な～」と名詞と共に使うときは、名詞の前にenoughを置きます。「十分な勇気」はenough courageです。
「～するのに」と判断基準を言うときには、その後にto不定詞（to＋動詞の原形）を続けます。

例文ではbrave enough（十分勇気がある）とプラスの評価を言い、次にto be your true self（本当の自分でいるのに）と判断基準を述べています。

Be **brave enough to be** your true self.
　　　形容詞＋enough to＋動詞の原形

Have **enough courage to trust** love one more time and
　　　　enough ＋ 名詞 ＋ to＋動詞の原形

always one more time.

enoughを使った他の名言

Have **enough courage to trust** love one more time and always one more time.

もう一度、愛を信じる勇気を持ちなさい。常にもう一度、信じるのです。

　　　　　　　　　　　　　　マヤ・アンジェロウ／アメリカの活動家・詩人

Vocabulary 　□ courage （名）勇気

☺信頼していた友人、同僚、恋人に裏切られたとき、人を信じられなくなるでしょう。

　でも、そんなときにこの言葉を思い出し、もう一度人を信じてみようと自分を奮い立たせてください。

Perseverance is a great element of success. If you only knock **long enough and loud enough** at the gate, you are sure to wake up somebody.

忍耐とは、成功するうえで非常に重要な要素だ。大きな音で長い間門をたたけば、必ず誰かを起こせるのと同じである。

　　　　　　　　　　　　　ヘンリー・ワーズワース・ロングフェロー／アメリカの詩人

Vocabulary
- perseverance（名）忍耐
- element（名）要素
- loud（副）大きな音で
- be sure to do　必ず〜する
- wake up　〜を起こす

☺「辛抱強く１つのことを長くやっていれば、いつか必ず成功する」というメッセージには励まされます。

A man must be big enough to admit his mistakes, smart enough to profit from them, and strong enough to correct them.

人は自分の過ちを認められるくらい器が大きく、その過ちから学ぶことができるくらい賢く、過ちを正すことができるくらい強くなければならない。

ジョン・C・マクスウェル／アメリカのリーダーシップ開発の権威

Vocabulary
- admit his mistakes　間違いを認める
- smart（形）頭がいい
- profit from（動）〜から教訓を得る
- correct（動）（誤りなど）を訂正する

☺人間なら誰でも過ちを犯しますが、その過ちにどう対処するかで、その人の器の大きさや精神的な強さがわかりますね。

違いを見極める！

49 be/get used to it と used to do の違い

Life is not fair. Get used to it.
人生は公平にできていない。それに慣れることだ。

ビル・ゲイツ／マイクロソフト社の創業者

☺ 人生は、公平ではないという事実を受け入れること。そうすれば、他人の人生と比べることをやめて、本当の意味で自分の人生をスタートできます。Life is not fair, but it's still good.（人生は公平でない。けれどもよいものだ）という名言もあります。どんな人生であっても、生きていること自体が素晴らしいのだと思いたいです。

文法の説明

「be used to＋名詞／doing」は「～に慣れている」、「get used to＋名詞／doing」は「～に慣れる」という意味のイディオムです。toは前置詞なので、後に名詞または動名詞が続きます。一方、「used to＋動詞の原形」は「以前は〈よく〉～した」という意味で、「今とは違う過去の習慣や状態」を表します。toはto不定詞です。

どちらの表現にもused toが入っているので区別しづらいですが、違いは下記の2点です。

① be used to / get used to（～に慣れている／慣れる）はusedの前にbe動詞やgetを使うが、used to do（以前は〈よく〉～した）にはbe動詞やgetは使わない。
② be used to / get used toのtoは前置詞なので、後に名詞か動名詞が続くが、used toのtoはto不定詞なので、後に動詞の原形が続く。

例文のGet used to it. は「get used to＋名詞（～に慣れる）」、一方、下のI used to think the worst thing...の文では、「used to＋動詞の原形（以前は〈よく〉～した）」を使っています。

get used to：～に慣れる
Get used to it.
get used to＋名詞

used to do：以前は〈よく〉～したが、今はそうではない
I used to think the worst thing in life is to end up all alone.
used to＋動詞の原形

「be used to＋名詞」、used to doを使った他の名言

I used to think the worst thing in life is to end up all alone. It's not. The worst thing in life is to end up with people who make you feel all alone.

昔、私は人生で最も恐ろしいことは、1人ぼっちになってしまうことだと思っていた。しかし、そうではないのだ。人生で一番恐ろしいことは、自分が天涯孤独と思わされるような人間と一緒にいるはめになることだ。

ロビン・ウィリアムズ／アメリカの俳優

Vocabulary □ end up 結局〜になる

☺ 鋭いところをついていますね。誰かと一緒にいて感じる寂しさは、1人のときの寂しさより、ずっと寂しいということをロビン・ウィリアムズは身をもって経験したのでしょう。

Some people aren't used to an environment where excellence is expected.
優秀であることが期待される環境に、慣れていない人間がいるものだ。

スティーブ・ジョブズ／アップル社の共同創業者

Vocabulary □ environment （名）環境
　　　　　　□ excellence （名）優秀さ

☺ 仕事に向かう姿勢の問題です。仕事を「ふつう」にこなせば十分と思っている人もたくさんいます。しかし、ジョブズは「立派に」やり遂げることが当たり前と思っていたのです。

My mother used to tell me man gives the award, God gives the reward. I don't need another plaque.
母がよく私に言ったものだった。人は賞を与えてくれるが、神様はご褒美をくださる。私にはもうこれ以上、賞は必要ない。

デンゼル・ワシントン／アメリカの俳優

Vocabulary □ reward （名）ご褒美
　　　　　　□ plaque （名）額

☺ plaqueはここではawardの意味で使われています。「人から与えられる名誉はもういらない」だなんて、多くの賞を受賞してきたからこそ言えるセリフですね。

50 manyとmuchの違い

It takes **many** good **deeds** to build a good reputation, and only one bad one to lose it.

よい評判を築くには、たくさんのよい行いが必要だ。そして評判を失うのには、たった1つの愚行で十分である。

ベンジャミン・フランクリン／アメリカの政治家・外交官

Vocabulary
- [ ] take（動）〜を必要とする
- [ ] deed（名）行動
- [ ] reputation（名）評判

☺ itの内容はto以下を指します。bad oneのoneはdeedを表します。項目35の名言で、ウォーレン・バフェットも同じようなことを言っています。築き上げた評判をなくさないよう、細心の注意を払わなければなりません。

文法の説明

　manyもmuchも「たくさんの」という意味ですが、manyは可算名詞、muchは不可算名詞と共に使います。また、原則的にmuchは否定文と疑問文に使い、肯定文にはa lot ofを使います。ただし、so much、how muchのように、soやhowと共に使うときは、muchを肯定文に使えます。a lot ofは、可算名詞と不可算名詞の両方に使えます。

	可算名詞 （例 books, people）	不可算名詞 （例 water, knowledge）
たくさんの	many	much
	a lot of	

　例文のdeed（行動）は可算名詞なので、many deeds、loveは不可算名詞なので、much loveと言います。

> It takes **many** good deeds to build a good reputation.
> 　　　　　many　＋　可算名詞
> It is not how much we do… but how **much love** we put in that action.　　　　　　　　　　　　much＋不可算名詞

many、muchを使った他の名言

Love begins at home, and it is not how much we do… but how **much love** we put in that action.

愛は、家庭から始まります。私たちがどれだけ多くのことをするかではなく、その行為にどれだけの愛情を注ぐかなのです。

マザー・テレサ／ノーベル平和賞を受賞したカトリックの修道女

☺ 小さなことでいいのです。ありったけの愛情を込めて食事を作ったり、掃除をしたり、家族の話を聞いてあげましょう。

Perseverance is not a long race; it is **many short races** one after the other.

忍耐とは長距離レースではない。次から次へと続く短距離レースに耐え抜くことである。

ウォルター・エリオット／スコットランドの政治家

Vocabulary
- perseverance（名）忍耐
- one after the other 次々と

☺ 名言のように長距離レースを短距離レースの集まりと考え、1つひとつの短いコースを走りきることだけに集中すれば、長距離レースもクリアできそうです。忍耐も同じと考えれば、どうにか頑張れそうな気がします。

Discontent, blaming, complaining, self-pity cannot serve as a foundation for a good future, no matter how much effort you made.

あなたがどれだけ努力したとしても、不平不満、非難、愚痴、自己憐憫などを繰り返していれば、決して明るい未来を築くことはできない。

エックハルト・トール／ドイツ生まれでカナダ在住の作家

Vocabulary
- discontent（名）不平不満
- blame（動）〜を非難する
- complain（動）不満を言う
- self-pity（名）自己憐憫
- serve as（動）〜として役に立つ
- foundation（名）基礎、土台
- no matter how どんなに〜でも
- make effort 努力する

☺ ネガティブな言葉を一気にゼロにするのは無理ですが、少なくとも「今日は昨日より少なかった」と思えるように努力したいです。

51 a fewとa littleの違い

Listen to many, speak to a few.
意見は多くの人に聞け。しかし話す人は数人にしろ。

　　　　　　　　　　　ウィリアム・シェークスピア／イギリスの劇作家

☺ many、a fewの後にpeopleが省略されています。ベラベラと他人に話すのはよくないという考え方は、日本人と共通するものがありますね。

文法の説明

a fewもa littleも「少しの」という意味ですが、a fewは可算名詞、a littleは不可算名詞と共に使います。なお、a fewとfew、a littleとlittleの違いにも触れておきましょう。

a fewとa littleは「たくさんはないが、少しはある」と肯定の意味を強調する表現です。一方、fewとlittleは「ほとんどない」と否定の意味を強調します。

	可算名詞 （例 books, people）	不可算名詞 （例 water, knowledge）
少しはある	a few	a little
ほとんどない	few	little

例文のspeak to a fewでa fewが使われているのは、省略されている名詞が可算名詞のpeopleだからです。

　一方、下の**A little knowledge**では、knowledge（知識）が不可算名詞なのでa littleが使われています。

speak to a few (people).
　　　　a few＋可算名詞

A little knowledge is a dangerous thing.
　a little＋不可算名詞

a few、a littleを使った他の名言

A little knowledge is a dangerous thing.
少しばかりの知識があるということは、危険なことだ。

アルベルト・アインシュタイン／ノーベル物理学賞受賞の物理学者

Vocabulary □ knowledge（名）知識

☺十分な知識があるわけではないのに、物事を判断して過ちを犯してしまうことがあります。自戒の言葉です。

One cannot collect all the beautiful shells on the beach. One can collect only a few, and they are more beautiful if they are few.

海岸にある美しい貝殻をすべて集めることはできません。集められるのは、たった数個だけです。そしてそれらの貝殻は、数が少ないからこそ美しいのです。

アン・モロー・リンドバーグ／アメリカの作家

Vocabulary　□ one（名）(一般的に) 人 ※口語ではyouを使います
　　　　　　　□ only a few　ほんのわずかだけ
　　　　　　　　※「少しだけ」ということを強調した表現

☺ The more, the better. (多ければ多いほどよい) はよく使いますが、They are more beautiful if they are few. という発想は珍しいです。特に日本人は、この感覚が理解できそうですね。素敵な文章です。

A little thought and a little kindness are often worth more than a great deal of money.

ちょっとした思いやりや親切は、しばしば多額のお金以上に価値がある。

ジョン・ラスキン／イギリスの評論家

Vocabulary　□ worth（形）〜の価値がある
　　　　　　　□ a great deal of　たくさんの
　　　　　　　　※a great deal ofは不可算名詞と共に使います

☺ 他人のちょっとした思いやりや親切な行為に、感謝の気持ちでいっぱいになったり、感動したりしたことはありませんか？　そこにはお金に換算できない、大切なものがあるからだと思います。

52 yetとstillの違い

It's not too late at all. You just don't yet know what you are capable of.

決して遅すぎたりしない。あなたは自分に何ができるか、まだ知らないだけなのだ。

マハトマ・ガンジー／インド建国の父

Vocabulary ☐ what you are capable of
あなたができること

☺ 私たちは自分の限界を、勝手に決めてしまっているのです。しかし今までの人生で、自分にできそうにないと思ったことで、実際やってみたら、できた経験があるはずです。自分の限界をどれだけ広げられるか、挑戦してみましょう！

文法の説明

yetもstillも「まだ」と訳されるので同じ意味の単語のように思えますが、使い方やニュアンスは違います。

yetは否定文や疑問文に使い、「あることが未来に起こることを予想しているが、それがまだ起こっていない」というニュアンスを表します。例文のYou just don't yet knowは、「あなたは直にわかるだろうが、今はまだわからない」というニュアンス

を含んでいます。

　一方、stillは予想以上にあることが長く続いていることを表し、しばしば驚きの感情を含みます。You still don't knowと言うと、「あなたは知っていていいはずなのに、まだ知らないということに私は驚いている」というニュアンスを含むことがあります。

> not 〜 yet：未来に起こると予想しているが、まだ起こっていない
> You just do**n't yet** know what you are capable of.
>
> still：(しばしば驚きの感情を込めて) 予想以上にあることが長く続いている
> I **still** believe that people are really good at heart.

yet、stillを使った他の名言

I keep my ideals, because in spite of everything I still believe that people are really good at heart.

私は理想を捨てていません。いろいろあったけれど、私はまだ、人は心の底では善良だと信じています。

アンネ・フランク／『アンネの日記』の著者

Vocabulary　□ ideal（名）理想
　　　　　　　□ in spite of 〜にもかかわらず

☺ アンネ・フランクはナチスのユダヤ人強制収容所から逃れるために、2年間隠れ家生活を強いられました。人間に対して絶望してもおかしくない状況にもかかわらず、人間に対する、この揺るぎない信頼はどこから来ているのでしょうか。極限状態にあっても人を信じていたところに、アンネの強靭（きょうじん）な精神力が見えます。

Yesterday is gone. Tomorrow has not yet come. We have only today. Let us begin.

昨日は過ぎ去り、明日はまだ訪れていません。私たちにあるのは今日だけなのです。さぁ、ここから始めましょう。

マザー・テレサ／ノーベル平和賞を受賞したカトリックの修道女

Vocabulary □ be gone なくなる

☺ 私たちが本当の意味で所有しているのは、過去でも未来でもなく、「現在」だけです。私たちも「今日」から始めましょう！

Even if I knew that tomorrow the world would go to pieces, I would still plant my apple tree.

たとえ明日世界が崩壊するとわかっていても、それでも私はリンゴの木の種をまくだろう。

マルチン・ルター／ドイツの宗教改革者

Vocabulary □ even if たとえ〜でも
　　　　　　　□ go to pieces めちゃくちゃになる
　　　　　　　□ plant (動)(種など)をまく

☺ 極限の状況でも、未来に対する「希望」を捨てないという確固たる意志が感じられます。未来に対してここまでぶれない希望を持って行動できたら、本当に素晴らしいです。

53 either A or Bと neither A nor Bの違い

Life is **either** a daring adventure **or** nothing.
人生とは恐れを知らぬ冒険か、または無かのどちらかです。

ヘレン・ケラー／アメリカの教育家・社会福祉事業家

Vocabulary ☐ daring （形）大胆な

☺「恐れを知らぬ冒険か、または無か」なんて究極の選択です。ジェットコースターに乗るように毎日スリルを味わい、楽しめたら、人生の達人ですね。

文法の説明

「AまたはB」と二者択一を言うときは「either A or B」、「AでもBでもない」と両方否定するときは「neither A nor B」を使います。「neither A nor B」には否定の意味が含まれているためnotを使う必要はありません。統一感を出すためにAとBには同じ品詞の語句を使うことにも注意してください。

---

either A or B：AまたはB
Life is **either** a daring adventure **or** nothing.
　　　　　　　A（名詞句）　　　　　　　B（名詞）

neither A nor B：AでもBでもない
I am **neither** especially clever **nor** especially gifted.
　　　　　　　A（形容詞句）　　　　　　　B（形容詞句）

either A or B、neither A nor Bを使った他の名言

I am neither especially clever nor especially gifted. I am only very, very curious.

私は特に頭がよいわけでも、才能に恵まれているわけでもない。人並みはずれて好奇心が旺盛なだけだ。

アルベルト・アインシュタイン／ノーベル物理学賞受賞の物理学者

Vocabulary
- especially（副）特に
- gifted（形）天賦の才能のある
- curious（形）好奇心旺盛な

☺ アインシュタインの人並みはずれた好奇心を示すエピソードをご紹介しましょう。今では天才の代名詞のようなアインシュタインですが、幼少期は正反対のことを言われていました。小学校の教師からは「精神的に遅れていて、社会性がなく、空想ばかりしている」と言われ、小学校を退学させられました。

　しかし、9歳の頃ピタゴラスの定理の美しさに魅せられ、12歳でユークリッド幾何学の本を独学でマスターしたのです。実に人並みはずれた好奇心の持ち主ですね！

Either I will find a way, or I will make one.
道を見つけるか、それとも自ら道を作るか、どちらかだ。

ジョン・ラスキン／イギリスの評論家

☺ できることなら「自ら道を作る」ほうを選びたいです。この名言を見て、高村光太郎の詩、「道程」の冒頭を思い出しました。「僕の前に道はない　僕の後ろに道は出来る」。詩人で彫刻家の光太郎も、自分自身の道を模索していたのでしょう。

Money motivates **neither** the best people, **nor** the best in people. It can move the body and influence the mind, but it cannot touch the heart or move the spirit; that is reserved for belief, principle, and morality.

お金は、優秀な人のやる気や、人の中の抜きん出た部分を伸ばすことには役に立ちません。お金の力で、人を動かしたり、考え方に影響を及ぼしたりすることはできますが、人を感動させたり、精神を高揚させたりすることはできません。それは信念、信条、徳の役目なのです。

ディー・ホック／VISAカードの創業者

Vocabulary
- motivate （動）（人）をやる気にさせる
- influence （動）～に影響を及ぼす
- reserve （動）～を取っておく
- belief （名）信念、信条
- principle （名）信念
- morality （名）徳

☺ お金の力で、人を動かしたり、考え方に影響を与えることはできても、人の心を動かすことはできないと、この名言で知りました。心には正しいものを見極める力が備わっているのですね。

会話に使える前置詞を覚える！

54 during our darkest moments
「～の間」と言う

It is **during our darkest moments** that we must focus to see the light.
光を見ることに集中しなければならないのは、闇が最も深いときだ。

アリストテレス・オナシス／ギリシャの海運王

☺ 例文に「It is~that」の強調構文が使われています。強調したい内容をIt isとthatの間に入れて言う文です。

この名言は、一番苦しい時期にこそ、目標を見据えて精進(しょう)(じん)しなければならないことを伝えています。

文法の説明

前置詞は、後に名詞（句）を続けて、1つの意味のまとまりを作ります。「～の間、最中」と言うとき、前置詞**during**を使います。**during**は、during the meeting（会議の最中）、during the movie（映画の最中）のように、**when**で始まる疑問文の答えになる語句が後に続きます。前置詞**for**も「～の間」という意味ですが、**for**は、for ten minutes（10分間）、for two weeks（2週間）のように、**how long**で始まる疑問文の答えになる語句が後に続きます。例文の**during our darkest moments**は「闇

が最も深いとき」という意味です。

It is during our darkest moments that we must focus to see
　　　during　　　＋　　名詞句
the light.

duringを使った他の名言

If you're absent during my struggle, don't expect to be present during my success.
俺が苦労しているときに傍にいないなら、俺が成功したとき、俺の傍にいることを期待するな。

ウィル・スミス／アメリカの俳優

Vocabulary　□ absent（形）不在である
　　　　　　　□ struggle（名）苦労
　　　　　　　□ expect to do（動）〜するよう期待する
　　　　　　　□ present（形）〜に居合わせる

☺ 苦労を共にしなかったなら、成功を共に分かち合う資格はないということです。

What we do during our working hours determines what we have; what we do in our leisure hours determines what we are.
どんな仕事に就いているかで、財産が決まる。余暇に何をするかで、人柄が決まる。

ジョージ・イーストマン／コダックの創業者

Vocabulary
- what we do 私たちがすること（私たちの仕事）
- working hours 勤務時間
- determine（動）〜を決定する
- what we are（人柄を指して）今の自分

☺ 余暇の過ごし方で人柄が決まるというのは、面白い考え方ですね。皆さんは趣味によって、自分がどのように変わったと思いますか？

A timid person is frightened before a danger, a coward **during the time**, and a courageous person afterward.

小心者は危険が起こる前に怖がり、臆病者はその最中に怖がり、勇気ある者は危険が過ぎ去った後に怖がる。

ジャン・パウル・リヒター／ドイツの作家

Vocabulary
- timid（形）気の弱い
- frightened（形）怖がっている
- coward（名）臆病者
- courageous（形）勇気のある
- afterward（副）あとで

☺ timid personとcowardのニュアンスの違いですが、timidはshyと同意語のように使われ、「すぐに怖がってしまう、勇気が出せない、自信がない人」を表します。一方、cowardは「常に危険を避けていて、危険を冒すことなど絶対しない人」を表します。

　この名言の面白いところは、「勇気のある人も怖がる、ただし危険が去った後に」と言っているところです。勇気のある人も本当は恐怖を感じているのですね。

55 like riding a bicycle 「〜のようだ」とたとえる

Life is like riding a bicycle. To keep your balance, you must keep moving.

人生とは自転車こぎに似ている。バランスを取るためには、こぎ続けなければならない。

アルベルト・アインシュタイン／ノーベル物理学賞受賞の物理学者

Vocabulary □ keep moving 動き続ける

☺ 絶妙なたとえですね。アインシュタインの言わんとしていることが、目の前に浮かぶようです。

文法の説明

「〜のようだ、〜に似ている」とたとえを言うとき、前置詞likeを使います。likeは動詞の他に前置詞としても使います。前置詞の後には通常、名詞が続きますが、動詞を続けるときには、動名詞（動詞の原形+ -ing）にします。

　例文では人生を「自転車こぎ」にたとえて、like riding a bicycleと言っています。

Life is like riding a bicycle.
　　　　like＋動詞の原形＋ -ing

likeを使った他の名言

Love is like war: easy to begin but very hard to stop.
愛は戦争に似ている。始めるのは簡単だが、終わらせるのは非常に難しい。

H・L・メンケン／アメリカのジャーナリスト

😊 愛と戦争に共通点があるとは想像もしませんでした！ 納得の説明です。

Opportunity is missed by most people because it is dressed in overalls and looks like work.
ほとんどの人がチャンスを見逃してしまうのは、それがまるで作業服を着て行う、きつい仕事のように見えるからだ。

トーマス・エジソン／アメリカの発明家・企業家

Vocabulary
- miss opportunities チャンスを逃す
- overall （名）作業用ズボン

😊 このエジソンの名言と似たopportunity in disguise（チャンスが姿を変えたもの）という表現もあります。日本にも「ピンチはチャンス」という言葉がありますね。

Always remember that you are absolutely unique. Just like everyone else.
いつも覚えておきなさい。あなたは特別なのです。他の人と全く同じように。

マーガレット・ミード／アメリカの文化人類学者

Vocabulary
- absolutely （副）全く

😊 この名言を初めて見たとき、思わず笑ってしまいました。Always remember that you are absolutely unique.（あなたは特別だということを覚えておいて）と言っておきながら、すぐ後にJust like everyone else.（他の皆と全く同じように）をつけ加えると、全然unique（特別な）でないかのように聞こえるからです。

　ところで、日本語の「ユニーク」はネガティブな意味で使うこともありますが、英語では通常、「オンリーワン」という、よい意味で使います。

Company cultures are **like country cultures**. Never try to change one. Try, instead, to work with what you've got.

企業文化は、国の文化と似ている。決して強引に変えようとしてはならない。それよりも、その中で自分ができることを考えよ。

ピーター・ドラッカー／マネジメントの父と称される経営学者

Vocabulary　□ **instead**　（副）代わりに
　　　　　　　□ **what you've got**　あなたが持っているもの

😊 you've gotはyou have gotの短縮形です。have gotは話し言葉で「〜を持つ」という意味を表します。

　欧米のトップダウン型の経営では、トップが変われば、企業文化も一変するものだと思っていました。ドラッカーの「今ある企業文化を尊重すべきだ」という考え方には驚きました。

56 by altering his thinking
「～によって」と手段を言う

Man can alter his life **by altering his thinking**.
人は考え方を変えることで、人生を変えることができる。

ウィリアム・ジェームズ／アメリカの哲学者・心理学者

Vocabulary
- alter （動）～を（部分的に）変える
- thinking （名）思考

☺「人生を変えるには、考え方を変える」というのがウィリアム・ジェームズの主張です。元大リーグ選手だった松井秀喜氏の座右の銘が、ウィリアム・ジェームズの言葉なのをご存じですか？　星稜高校の野球部時代に恩師から贈られた言葉だそうです。せっかくなのでご紹介しましょう。sowは「（種）をまく」、reapは「（作物）を刈り取る」という意味です。

Sow a thought, reap an action. 心が変われば、行動が変わる。
Sow an action, reap a habit. 行動が変われば、習慣が変わる。
Sow a habit, reap a character. 習慣が変われば、人格が変わる。
Sow a character, reap a destiny. 人格が変われば、運命が変わる。

🌸 文法の説明

「～によって」と手段を言うとき、前置詞byを使います。例

文のby altering his thinkingは「考え方を変えることによって」という意味です。前置詞の後なので、動名詞alteringになっています。

Man can alter his life by altering his thinking.
by＋動詞の原形＋-ing

byを使った他の名言

I can usually judge a fellow by what he laughs at.
私はたいてい何を笑うかによって、その人を判断する。

ウィルソン・マイズナー／アメリカの劇作家

Vocabulary 　□ judge（動）〜を判断する
　　　　　　　□ fellow（名）（古い言い方）人

☺鋭い指摘です。たとえば社会的弱者を笑うような人は、卑劣で精神的に弱い人間だと、すぐにわかってしまいますね。

You don't learn to walk by following rules. You learn by doing, and by falling over.
ルールを学んで、歩けるようになるわけではない。実際に歩いて、そして転んで、歩くのを覚えるのだ。

リチャード・ブランソン／ヴァージン・グループの創業者

Vocabulary 　□ learn to do（動）〜することを学ぶ
　　　　　　　□ follow rules　ルールを守る
　　　　　　　□ fall over　転ぶ

☺この名言、そっくりそのまま英語学習にも当てはまります。学んだことを積極的に使って初めて、語学は身につきます。間違いを恐れず、実践で覚えるしか方法はないのです。

You can't get away from yourself by moving from one place to another.
住む場所をあちこち変えても、自分から逃げることはできない。

アーネスト・ヘミングウェイ／アメリカの作家

Vocabulary □ get away from ～から逃げる

☺ヘミングウェイは、アメリカ生まれですが、その後カナダのトロントに行き、第一次世界大戦で北イタリアの戦線に従軍、パリ、スペイン内戦への関与などで世界のあちこちに滞在しました。この名言は、おそらく彼の人生から学んだ教訓なのでしょう。

57 without an eraser
「〜なしで」と言う

Life is the art of drawing without an eraser.

人生とは、消しゴムを使わずに描く、デッサンの技術のようなものだ。

ジョン・ウィリアム・ガードナー／アメリカの政治家

Vocabulary
- art（名）技術
- drawing（名）デッサン
- eraser（名）消しゴム

☺ You only live once.（人生は一度しかない）とよく言いますが、やり直しがきかないことを、「消しゴムを使わずに描く、デッサンの技術」にたとえるとはユニークですね。

文法の説明

「〜なしで」と「(人やもの) がない」と言うとき、前置詞withoutを使います。反意語はwithです。例文のwithout an eraserは「消しゴムを使わないで」という意味です。

Life is the art of drawing without an eraser.
　　　　　　　　　　　　　　　without ＋ 名詞

withoutを使った他の名言

A goal without a plan is just a wish.
計画のない目標は、ただの願いごとにすぎない。

アントワーヌ・ド・サン＝テグジュペリ／フランスの作家・飛行士

☺計画のない目標は、実現できないということです。痛いところをグサッとつかれた気がしました。

Without music, life would be a mistake.
音楽がなければ、人生は無意味だ。

ニーチェ／ドイツの哲学者

Vocabulary □ mistake（名）間違い

☺ニーチェはwithout musicと言いましたが、withoutの後に来る語は、人それぞれ違うと思います。皆さんだったら、どの単語を入れますか？

Nothing great in the world has been accomplished without passion.
偉大な行為で、情熱なしに達成されたものは、世界で１つもない。

ヘーゲル／ドイツの哲学者

Vocabulary □ accomplish（動）〜を成し遂げる
□ passion（名）情熱

☺偉大な行為は、お金や名誉を望む世俗的な欲望からではなく、純粋な情熱に駆られた行動から生まれるものなのですね。

58 except little by little
「〜以外」と例外を言う

Nothing can be done except little by little.
小さなことの積み重ね以外に、事を成し遂げる方法はない。

シャルル・ボードレール／フランスの詩人

Vocabulary □ little by little 少しずつ

☺ どんなに大きな仕事も、小さなことの積み重ねだと思うと、自分にも何かできる気がしてきます。

文法の説明

「〜以外」と例外を言うとき、前置詞exceptを使います。exceptの後には、名詞句や前置詞句が続きます。

例文のexcept little by littleは「小さなことの積み重ね以外に」という意味です。

Nothing can be done except little by little.
　　　　　　　　　　　　except + 句

exceptを使った他の名言

Fear doesn't exist anywhere except in the mind.
恐怖とは、心の中のみに存在する。

デール・カーネギー／アメリカの作家

Vocabulary
- fear （名）恐怖
- exist （動）存在する

☺ 恐怖とは、実際に起こった出来事のように実体があるものではなく、勝手に頭の中で想像した、実体がないものだということです。しかし、私たちは、この想像上の産物に振り回されて、冷静な判断ができなかったり、行動が起こせなかったりするのです。カーネギーはこの文で、恐怖に支配されないよう警告しています。

There is joy in work. There is no happiness except in the realization that we have accomplished something.
仕事には喜びが伴う。何かを達成したと感じることほど、幸せなことはない。

ヘンリー・フォード／フォード・モーターの創業者

Vocabulary
- joy （名）喜び
- realization （名）(実感して)〜だとわかること
- accomplish （動）〜を成し遂げる

☺ 仕事で達成感を覚えることが喜びにつながるというのは、まさにその通りだと思います。仕事がつまらないと感じている方、まずは目標を立て、それに向かって努力してみませんか。

I love dogs. They live in the moment and don't care about anything except affection and food. They're loyal and happy. Humans are just too damn complicated.

私は犬が大好きだ。犬は今この瞬間のみを生きていて、愛情と餌以外、何も気にしない。彼らは忠実であり、幸せだ。人間はあまりに複雑になりすぎた。

デイヴィッド・ドゥカヴニー／アメリカの俳優

Vocabulary
- live in the moment 今を生きる
- care about ～を気にかける
- affection （名）愛情
- loyal （形）忠実な
- damn （副）（俗語）ひどく
- complicated （形）複雑な

😊「犬のように生きたほうが幸せだ」と聞いたのは初めてですが、なかなか説得力があります。

人間も犬のように、食べることと愛情を示すことだけを考えて生きられたら、幸せな人生を送れることでしょうね。

59 as a tool
「〜として」と役割を言う

We must use time **as a tool**, not **as a couch**.
時間はツールとして使うべきで、ソファーとして使ってはならない。

ジョン・F・ケネディ／第35代アメリカ大統領

Vocabulary ☐ tool（名）道具

☺ 何かが起こるのを待ちながら、ぼーっと座って時間を無駄にするのではなく、自分がやるべきことをするために時間を使いなさい、という意味です。

文法の説明

「〜として」と役割を言うとき、前置詞asを使います。例文のas a toolは「道具として」、as a couchは「ソファーとして」という意味です。

> We must use time **as a tool**, not **as a couch**.
>   as+名詞   as+名詞

asを使った他の名言

The entrepreneur always searches for change, responds to it, and exploits it as an opportunity.

起業家は常に変化を求め、反応し、チャンスとして利用する。

ピーター・ドラッカー／マネジメントの父と称される経営学者

Vocabulary
- entrepreneur （名）起業家
- search for （動）～を求めて探す
- respond to （動）～に反応する
- exploit （動）～を利用する
- opportunity （名）チャンス

☺ 日本語の「チャンス」に相当する英語に、opportunityとchanceがあります。opportunityはいつもポジティブな意味で使われますが、chanceにはtake a chance（危険を冒す）に使われるように、「冒険、危険、賭け」という意味もあります。

　誤解を避けるために、ポジティブな意味で使うときにはopportunityを使いましょう。

The best ideas come as jokes. Make your thinking as funny as possible.

一番よいアイデアは、ジョークとして浮かんでくる。だから考えをできるだけ面白いものにしなさい。

デイヴィッド・オグルヴィ／イギリスの広告会社幹部

Vocabulary
- funny （形）おかしい
- as ~ as possible できるだけ～

☺笑いが絶えないようなブレーンストーミングなら、素晴らしいアイデアが生まれるかもしれませんね！

You build on failure. You use it as a stepping stone. Close the door on the past. You don't try to forget the mistakes, but you don't dwell on it. You don't let it have any of your energy, or any of your time, or any of your space.

人は失敗を土台にして成長する。だから失敗は、次のステップへの足がかりとして使うのだ。過去に背を向けろ。間違いを忘れてはいけないが、失敗についてくよくよ考えるな。自分の活力や時間、空間を、失敗のために犠牲にするな。

ジョニー・キャッシュ／アメリカのシンガーソングライター

Vocabulary
- build on （動）〜の上に築く
- stepping stone （成功・昇進などの）足がかり
- dwell on （動）〜についてくよくよ考える

☺You don't let it have any of your energyのitはfailureを指しています。

名言のYou build on failure. はよい言葉ですね。おそらく人は、成功より失敗から多くの貴重な教訓を学び、成長するのだと思います。

whenやbecauseを使って長い文も言える！

60 when things are perfect
「〜するとき」と言う

When things are perfect, that's when you need to worry most.
すべてがうまくいっているときが、最も注意が必要なときなの。

ドリュー・バリモア／アメリカの女優

☺ ドリュー・バリモアは映画『E.T.』の出演で、天才子役として一躍有名になりました。その一方で、荒んだ私生活を送り、数々の問題を起こしました。どん底も頂点も経験した彼女の言葉には説得力があります。

文法の説明

「〜するとき〜する」と言うとき、「〜するとき」に当たる節を、先頭に接続詞whenをつけて表します。whenの後には「主語＋動詞」が続きます。whenが文中にあるときは、後に続く節とワンセットになっています。

例文では、When things are perfect（すべてがうまくいっているとき）が、whenの節です。

> When things are perfect, that's when you need to worry most.
> when ＋主語＋動詞

whenを使った他の名言

When in doubt, tell the truth.
迷ったときには、真実を話せ。

マーク・トウェイン／アメリカの作家

Vocabulary
- in doubt 疑って
- truth （名）真実

☺when in doubtは、when you are in doubtを省略した言い方です。日本語には「嘘も方便」という言葉がありますし、日本人は建前と本音を使い分けて生きていますから、嘘は必ずしも悪いというイメージはありません。

しかし、これはあくまでも私の印象ですが、英語圏では真実を話さないことは絶対的に悪いという考え方が浸透しているように思います。

When life gives you lemons, make lemonade.
人生からレモンを与えられたら、レモネードを作れ。

英語のことわざ

☺「逆境をうまく利用しろ、悪い状況でもベストを尽くせ」という意味です。このことわざに出会ったとき、うまいことを言うなと感心したのを覚えています。

レモンはそれだけでは酸っぱくてあまり食べたいと思えるものではありません。しかし、砂糖と水を加えればおいしいレモネードになります。どんな悪い状況でも何かよいものを作り出す努力をしなさいという教えです。

When you handle yourself, use your head; when you handle others, use your heart.

自分のことには頭を使って。人のことにはハートを使って。

ドナ・リード／アメリカの女優

Vocabulary □ handle （動）〜を扱う

☺ 納得の名言です。「自分のことには頭を使って」と言っているのは、とかく自分のことになると感情的になってしまい、冷静な判断ができないからでしょう。

「人にはハートを使って」は、人を正論で裁いたりせず、愛情を持って接することの大切さを言っているのだと思います。

When you are content to be simply yourself, and don't compare or compete, everybody will respect you.

自分に満足し、人と自分を比べたり競ったりしなければ、みんなから尊敬されるだろう。

老子／中国の哲学者

Vocabulary □ content （形）満足して
　　　　　　 □ compare （動）比較する
　　　　　　 □ compete （動）競う
　　　　　　 □ respect （動）〜を尊敬する

☺ 他人と自分を比べたり、競争したりしなければ、人生はずいぶん生きやすくなるはずです。それがわかっているのに、どうして私たちは、やめられないのでしょうか……。

10　whenやbecauseを使って長い文も言える！

61 as soon as you trust
「〜したらすぐに」と言う

As soon as you trust yourself, you will know how to live.

自分のことが信じられれば、すぐに生き方は見えてくる。

ゲーテ／ドイツの詩人・作家

Vocabulary　☐ trust（動）〜を信じる

☺ 自分を信じることができれば、自分の可能性を試すために新しいことにチャレンジするでしょう。そうすることによって、自分が進みたい道と、そうでない道が見えてくるはずです。

文法の説明

「〜したらすぐに〜する」と言うとき、「〜したらすぐに」に当たる節を、先頭に接続詞as soon asをつけて表します。

as soon asの後には「主語＋動詞」が続きます。as soon asが文中にあるときは、後に続く節とワンセットになっています。例文では、As soon as you trust yourself（自分を信じられたらすぐに）が、as soon asの節です。

時制にも注意してください。as soon as、when、before、afterなどで始まる節に使う動詞は、未来のことも、現在形で表します。

203

例文では未来のことを表していますが、will trustではなく**現在形trust**を使っています。

> As soon as you trust yourself, you will know how to live.
> as soon as+主語＋動詞

as soon asを使った他の名言

As soon as you stop wanting something, you get it.
求めるのをやめると、すぐにそれが手に入る。

アンディ・ウォーホル／アメリカのアーティスト

Vocabulary □ stop doing ～することをやめる

☺ウォーホルは、執着を失くせば、望んでいたものが手に入ると言っています。実践するのは難しいですが、これも人生の真理なのでしょう。

As soon as healing takes place, go out and heal somebody else.
自分が癒されたら、今度はあなたがすぐに出て行って、誰かを癒すのです。

マヤ・アンジェロウ／アメリカの活動家・詩人

Vocabulary □ take place （事が）起こる

☺誰かがあなたを癒してくれたら、今度は他の人に同じことをしてあげましょう。癒した人の笑顔を見たら、あなたはもう一度癒されるでしょう。

10 whenやbecauseを使って長い文も言える！

As soon as you honor the present moment, all unhappiness and struggle dissolve, and life begins to flow with joy and ease.

今というこの瞬間に敬意を払ったとたん、不幸や苦労はすべて消え去り、喜びと共に人生がスムーズに動き始める。

エックハルト・トール／ドイツ生まれでカナダ在住の作家

Vocabulary
- [ ] honor（動）〜に敬意を払う
- [ ] present moment 今というこの瞬間
- [ ] struggle（名）苦労
- [ ] dissolve（動）消える
- [ ] flow（動）流れる
- [ ] with ease 楽々と

☺ 私たちの悩みの多くは、過去へのこだわりや将来に対する不安ではないでしょうか。過去や未来に向いていた私たちの意識を、「今・ここ（here and now）」に集中させれば、悩みから解放され、生きる喜びが湧いてくると名言は説いています。

62 while there's life
「〜している間」と言う

While there's life, there's hope.
生きている限り、希望はある。

キケロ／古代ローマの政治家・哲学者

☺ 短いけれど、生きる希望が湧いてくる言葉です。絶望的になったとしても、生きてさえいれば希望が持てる。もう少し頑張ってみようと思わせてくれる名言ですね。

文法の説明

「〜している間〜する」と言うとき、「〜している間」に当たる節を、先頭に接続詞whileをつけて表します。whileの後には「主語＋動詞」が続きます。

whileが文中にあるときは、後に続く節とワンセットになっています。

例文ではWhile there's life（生きている間）が、whileの節です。

While there's life, there's hope.
while＋主語＋動詞

whileを使った他の名言

Patience is not simply the ability to wait — it's how we behave while we're waiting.

辛抱強さとは、待つ能力だけを意味するのではありません。待っている間に、私たちがどう行動しているかも含まれるのです。

ジョイス・マイヤー／アメリカの牧師

Vocabulary
- patience (名) 辛抱強さ
- ability (名) 能力
- behave (動) ふるまう

☺「待つ」とは、受け身の行為だと思っていました。

しかし「何もせずに待つ」のではなく、「何か行動をしながら待つ」「待っているときに何をしているか」が重要だと教えられた名言です。

While seeking revenge, dig two holes — one for yourself.

復讐（ふくしゅう）を企てるなら、2つの墓穴を掘っておきなさい。1つは自分用に。

ダグラス・ヒューストン／アメリカの牧師

Vocabulary
- seek revenge 復讐を企てる
- dig holes 穴を掘る

☺Whileの後にyou areが省略されています。

復讐は相手だけでなく、自分も破滅に追い込むと警告している名言です。

Do the difficult things while they are easy and do the great things while they are small. A journey of a thousand miles must begin with a single step.

難しいことは、それがまだ簡単なうちに、偉大なことは、それがまだささいなことであるときに実行しなさい。千里の道も、最初の一歩から始まるのだ。

老子／中国の哲学者

Vocabulary　□ journey（名）旅
　　　　　　　□ begin with（動）〜から始まる

☺ どんなに大きな仕事でも、手近なところから、着実に努力を積み重ねていけば、達成できるという教えです。

False friends are like our shadow, keeping close to us while we walk in the sunshine, but leaving us the instant we cross into the shade.

見せかけの友人は、影に似ている。私たちが成功しているときには近くにいるが、成功に陰りが見え出した瞬間、私たちのもとを去る。

クリスチャン・ネステル・ボヴィー／アメリカの作家

Vocabulary　□ false（形）偽の
　　　　　　　□ close to us　私たちに近い
　　　　　　　□ the instant + 主語 + 動詞　〜したらすぐに
　　　　　　　□ cross into the shade　日陰に入る

☺ 見せかけの友人を影にたとえるとは面白いですね。walk in the sunshineとcross into the shadeは、人生の輝いている時期と、そうでない時期を表しています。

63 before we get too old 「〜する前に」と言う

We should all start to live before we get too old.
年を取りすぎる前に、真剣に生きることを始めないと。

マリリン・モンロー／アメリカの女優

☺ 大きな仕事を抱えていると、「これが終わらないと、私の人生は始まらない」と思って、人生をペンディング状態にしてしまうことがあります。反省、反省……。

文法の説明

「〜する前に〜する」と言うとき、「〜する前に」に当たる節を、先頭に接続詞beforeをつけて表します。

beforeの後には「主語＋動詞」が続きます。

beforeが文中にあるときは、後に続く節とワンセットになっています。

例文では、before we get too old（年を取りすぎる前に）が、beforeの節です。

We should all start to live before we get too old.
　　　　　　　　　　　　　　　before＋主語＋動詞

beforeを使った他の名言

You have to dream before your dreams can come true.
夢が叶う前に、まずは夢を見る必要がある。

アブドゥル・カラーム／第11代インド大統領

Vocabulary □ come true （夢などが）実現する

☺ 至極当然のことですが、夢を叶えるためには、まず夢を見なくてはなりません。皆さんはどんな夢をお持ちですか？

Don't give your advice before you are called upon.
求められる前に、忠告するな。

エラスムス／オランダのカトリックの司祭・神学者

Vocabulary □ call upon 〜を求める

☺ これは大変有益なアドバイスだと思います。求めてもいないアドバイスを受けるのはありがた迷惑。素直に聞けません。

You must give to get. You must sow the seed before you can reap the harvest.
受け取るためには、与えなければならない。収穫をする前には、種をまかなければならないのだ。

スコット・リード／アメリカの作家

Vocabulary □ sow a seed 種をまく
　　　　　　 □ reap （動）〜を収穫する
　　　　　　 □ harvest （名）収穫

☺ たくさん収穫できるよう、たくさん種をまきましょう！

64 until it's done
「〜するまで」と言う

10 whenやbecauseを使って長い文も言える！

It always seems impossible until it's done.
達成するまでは、いつでも不可能に思える。

ネルソン・マンデラ／第8代南アフリカ共和国大統領

Vocabulary　□ seem（動）〜のように思える
　　　　　　　□ impossible（形）不可能な

☺ ネルソン・マンデラは反アパルトヘイト運動に身を投じ、終身刑の判決を受けて27年間獄中にいました。マンデラが獄中にいたとき、将来マンデラが釈放され、アパルトヘイトも撤廃され、彼が南アフリカの大統領になるなど誰が想像したでしょう！

　彼の人生も含めて考えると、不可能だとあきらめていたことに挑戦してみようという気持ちになります。

文法の説明

「〜するまで〜する」と言うとき、「〜するまで」に当たる節を、先頭に接続詞untilをつけて表します。untilの後には「主語＋動詞」が続きます。untilが文中にあるときは、後に続く節とワンセットになっています。

　例文ではuntil it's done（達成するまで）がuntilの節です。

> It always seems impossible until it's done.
>
> until+主語+動詞

untilを使った他の名言

Don't judge a man until you have walked a mile in his shoes.

その人が経験してきたことをあなたが経験するまでは、その人を決めつけてはならない。

ネイティブアメリカンのことわざ

Vocabulary　□ judge（動）〜を判断する

　　　　　　　□ walk a mile in his shoes　彼と同じ経験をする

☺ 相手のことを十分理解しないまま、相手を決めつけてはいけないという意味です。人間に対する思いやりを感じることわざです。

A man can fail many times, but he isn't a failure until he begins to blame somebody else.

人は何度でも失敗する。しかし、その失敗の責任を他人に押しつけなければ、失敗者にはならない。

ジョン・バローズ／アメリカの随筆家

Vocabulary　□ blame（動）〜を非難する

☺ 興味深い「失敗者」の定義ですね。失敗の責任を他人に転嫁することは、他人に自分の人生をコントロールされていることを認めることになります。失敗者とは、自分の人生の舵取りができていない人だということですね。

10 whenやbecauseを使って長い文も言える！

We can never obtain peace in the outer world until we make peace with ourselves.

自分の内面と折り合いをつけるまでは、外の世界と折り合いをつけることは決してできない。

ダライ・ラマ14世／チベット仏教の最高指導者

Vocabulary
- [ ] obtain peace 安らぎを得る
- [ ] the outer world 外界
- [ ] make peace with 〜と和解する

☺ まずは自分自身を受け入れなければ、外の世界と折り合いをつけることはできないという主張は、至極納得がいきます。

　他人を非難したり喧嘩(けんか)を売ったりする人は、たいてい自分に不満を持っていたり、自分を嫌っている人ですから。

I have found the paradox, that if you love until it hurts, there can be no more hurt, only more love.

傷つくまで人を愛すると、痛みは感じなくなり、より深い愛だけが残るというパラドックスがわかりました。

マザー・テレサ／ノーベル平和賞を受賞したカトリックの修道女

Vocabulary
- [ ] hurt（動）心を痛める（名）苦痛
- [ ] no more もうこれ以上〜ない

☺ マザー・テレサのような人は、もはや傷つくことなどないと思っていました。しかし、マザーも人間だったのですね。「傷ついても愛し続けると、痛みがなくなり、深い愛しか残らない」という境地は、マザーのような精神的な高みに達した人にしか、わからないことかもしれませんが……。

213

65 because we're happy
「〜だから」と理由を言う

We don't laugh **because** we're happy. We are happy **because** we laugh.
幸せだから笑うのではない。笑うから幸せなのだ。

アラン／フランスの哲学者

☺素晴らしい名言だと思います。人間の心は「喜ぶと同時に悲しむことができない」らしいです。したがって、嘘でもいいから笑って明るく振る舞っていると、気持ちが次第に身体に追いついてきて、幸せな気分になるというわけです。

文法の説明

「〜だから〜だ」と言うとき、「〜だから」と理由を説明する節を、先頭に**接続詞because**をつけて表します。becauseの後には「主語+動詞」が続きます。

　becauseが文中にあるときは、後に続く節とワンセットになっています。

　We are happy **because** we laugh. の例文では、**because** we laugh（笑うから）がbecauseの節で、we are happyの理由を表しています。

```
We are happy because we laugh.
              because+主語+動詞
```

一方、We don't laugh because we're happy. は解釈に注意を要します。**主節の動詞が否定形で、その後にbecauseで始まる節が続くとき、notは動詞laughを否定せず、because以下を否定することがあります。**

We laugh, not because we're happy. と同じに解釈して、「私たちは幸せだから笑うのではない（私たちが笑う理由は他にある）」という意味になります。

```
We don't laugh because we're happy.
     not        because+主語+動詞
( = We laugh, not because we're happy.)
```

becauseを使った他の名言

Don't cry because it's over, smile because it happened.
終わったからって、泣かないで。起こったことを喜んで。

ドクター・スース／アメリカの絵本作家

Vocabulary ☐ be over 終わる

☺ この名言は、失恋したばかりの人にかけるのにピッタリの言葉だと思います。恋を失ったのは悲しいけれど、その恋に出会えたことを喜んでほしいと思うからです。温もりを感じる名言です。

Immature love says: 'I love you because I need you.'
Mature love says: 'I need you because I love you.'

未熟な愛は「あなたが必要だから、あなたを愛する」と言う。成熟した愛は「あなたを愛しているから、あなたが必要だ」と言う。

エーリッヒ・フロム／ドイツ生まれの社会心理学者

Vocabulary □ mature（形）成熟した ⇔ immature（形）未熟な

☺ エーリッヒ・フロムの有名な著書『愛するということ（The Art of Loving）』からの言葉です。

多くの人は I love you because I need you. を最高の愛の表現と思いがちです。しかしそれは、孤独感から逃れるための未熟な愛にすぎないことを、フロムは見抜いているのです。

We don't stop playing because we grow old; we grow old because we stop playing.

年を取ったから、遊ぶのをやめるのではない。遊ぶのをやめるから、年を取るのだ。

ジョージ・バーナード・ショー／イギリスの劇作家

Vocabulary □ grow old 年を取る

☺ 前半はWe stop playing, not because we grow old. と同じ意味です。

これも納得の名言です。遊び心を失くしてしまうから、年を取る。言われてみれば、その通りですね！

66 so powerful that 「非常に〜だから〜だ」と原因と結果を言う

The Internet is so big, so powerful and pointless that for some people it is a complete substitute for life.

インターネットは非常に巨大で強力で意味がないものなので、人によっては、完全に人生そのものになってしまっている。

アンドリュー・ブラウン／アメリカのTVプロデューサー

Vocabulary
- pointless（形）無意味な
- complete substitute for life 完全に人生に代わるもの

☺ インターネットのおかげで、生活はたいへん便利になりました。しかし名言は、つき合い方を一歩間違えると、自分のリアルな人生が、バーチャルな世界に完全に取って代わられてしまうことを警告しています。

文法の説明

「非常に〜だから〜だ」と原因と結果を一文で言うとき、「so＋形容詞／副詞＋that＋主語＋動詞」の構文を使います。

例文では、The Internet is so big, so powerful and pointless（インターネットは非常に巨大で強力で意味がないもの）が理由を表す節、that以下のthat for some people it is a complete substitute for life（人によっては、完全に人生そのものになってしまっている）が結果を表す節です。

> The Internet is **so** big, **so** powerful and pointless
> 　　　　　　　　so＋形容詞
>
> **that** for some people it is a complete substitute for life.
> that　　　＋　　　主語＋動詞

so ～ thatを使った他の名言

Everybody gets **so** much information all day long **that** they lose their common sense.

誰もが1日中、膨大な情報にアクセスできるがゆえに、判断力を失っている。

ガートルード・スタイン／アメリカの作家・詩人

Vocabulary　　☐ **all day long** 1日中

　　　　　　　　☐ **common sense** 判断力

☺情報量が多いほど、判断が難しくなります。情報量に圧倒されずに、的確な判断ができる能力が、ますます必要になってきていますね。

10 whenやbecauseを使って長い文も言える！

When one door of happiness closes, another opens; but often we look so long and so regretfully upon the closed door that we do not see the one which has been opened for us.

幸せの扉が1つ閉まれば、別の扉が開く。しかし、閉じられた扉をあまりに長く、残念そうに見ていると、開いた扉を見過ごすことが、しばしばあるのだ。

アレクサンダー・グラハム・ベル／スコットランド生まれの科学者・発明家

Vocabulary ☐ regretfully（副）残念そうに

☺ the oneのoneは、doorを指しています。

　グラハム・ベルの言うように、1つのことに執着しすぎると、別のチャンスを逃してしまう可能性もありますね。閉じた扉に接近しすぎず、少し距離を置いて見ていれば、別の開いた扉に気づくのかもしれません。

Be so busy improving yourself that you have no time to criticize others.

人間として成長することに没頭しなさい。そうすれば、他人のあら探しをする時間などないはずだ。

チェタン・バガット／インドの作家

Vocabulary ☐ improve yourself 自分自身を成長させる
　　　　　　　☐ criticize（動）〜のあらを探す

☺ 素晴らしい名言だと思います。他人のあら探しをやめて自分の成長にのみフォーカスしましょう。

　他人のあら探しをして得るものは何もありません。心の平安をかき乱され、時間を無駄にするだけです。

67 although the world is full of suffering
「〜だけれども」と言う

Although the world is full of suffering, it is also full of the overcoming of it.
世界は苦悩に満ちていますが、同時にそれを乗り越えようとする力もあふれています。

ヘレン・ケラー／アメリカの教育家・社会福祉事業家

Vocabulary
- full of（形）〜でいっぱいだ
- suffering（名）苦悩
- overcome（動）〜を克服する

☺ 力強く、元気をもらえる名言です。ヘレン・ケラーは視覚と聴覚の重複障害者だったにもかかわらず、世の中を非常に前向きにとらえています。自分自身の障害を乗り越えた自信からきているのでしょう。

文法の説明

「〜だけれども〜だ」と言うとき、「〜だけれども」と逆接の意味を表す節を、先頭に接続詞althoughをつけて表します。althoughの後には「主語＋動詞」が続きます。althoughが文中にあるときは、後に続く節とワンセットになっています。

同じ意味を表す語（句）としてthough、even thoughがありま

10 whenやbecauseを使って長い文も言える！

す。thoughはalthoughよりくだけた場面に、even thoughはより強調したいときに使われます。

例文では、**Although** the world is full of suffering（世界は苦悩に満ちていますが）が、逆接を表すalthoughの節です。

Although the world is full of suffering, it is also full of the
although ＋ 主語 ＋ 動詞
overcoming of it.

althoughを使った他の名言

Although I cannot move and I have to speak through a computer, in my mind I am free.
私は自分の力で動くことができないし、コンピュータを使って話さなければならないが、頭の中では私は完全に自由なのだ。

スティーヴン・ホーキング／「車椅子の物理学者」として知られるイギリスの理論物理学者

☺ in my mind I am freeと断言したところに、ホーキング博士の不屈の精神が表れています。

Every problem has a solution, although it may not be the outcome that was originally hoped for or expected.
すべての問題には解決策がある。最初に望んでいた、または期待していた結果とは違うものかもしれないけれど。

アリス・ホフマン／アメリカの作家

Vocabulary
- problem（名）問題
- solution（名）解決策
- outcome（名）結果

221

☐ originally （副）最初に
☐ expect （動）〜を期待する

☺ Every problem has a solution と言い切っていて、気持ちがいいですね。

解決策が見つからずに悩んであきらめかけたら、ぜひこの名言を思い出してください！

Remember even though the outside world might be raining, if you keep on smiling, the sun will soon show its face and smile back at you.

覚えていて。たとえ外の世界が雨でも、笑顔を忘れなければ、太陽はすぐに顔を出して、あなたに微笑みかけてくれるわ。

アナ・リー／イギリスの女優

Vocabulary ☐ keep on doing 〜し続ける

☺ 笑顔については項目8でオノ・ヨーコの名言にもありました。The sun will smile back at you. は素敵な表現だと思います。

68 as long as you do not stop
「〜する限り」と条件を言う

It does not matter how slowly you go as long as you do not stop.

立ち止まらない限り、どんなに歩みが鈍くとも問題ではない。

孔子／中国の思想家

Vocabulary □ it doesn't matter 〜は重要ではない

☺ 洋の東西を問わず、進み続けることの大切さを説く名言は多いです。

文法の説明

「〜する限り〜だ」と言うとき、「〜する限り」と条件を説明する節を、先頭に接続詞as long asをつけて表します。as long asの後には「主語＋動詞」が続きます。as long asが文中にあるときは、後に続く節とワンセットになっています。

例文ではas long as you do not stop（立ち止まらない限り）が条件を表す節です。

It does not matter how slowly you go as long as you do not stop.

as long as＋主語＋動詞

as long asを使った他の名言

Anything is possible **as long as** you have the passion.
情熱がある限り、すべては可能だ。

ギー・フォルジェ／フランスの元プロテニス選手

Vocabulary　□ passion（名）情熱

☺皆さんは情熱を持って取り組んでいることがありますか？そして、仕事に情熱を持っていますか？

　情熱は、情熱を注ぐに値するものに出会えたかどうかだと言う人がいます。まだ見つかっていない方、好奇心のアンテナを広げて、情熱を注げるものを探しましょう。

Disneyland will never be completed. It will continue to grow **as long as** there is imagination left in the world.
ディズニーランドは決して完成しない。世界に想像の余地が残っている限り、進化し続けるのだ。

ウォルト・ディズニー／アメリカの映画製作者

Vocabulary　□ complete（動）～を完成する
　　　　　　　□ continue to grow　成長し続ける
　　　　　　　□ leave（動）～を残す

☺「想像の余地が残っている限り、進化し続ける」なんて感動的な言葉です。ディズニーランドが人々を惹きつけてやまないのは、このウォルト・ディズニーの精神が関係者一同に浸透しているからなのでしょう。

10 whenやbecauseを使って長い文も言える！

I have a theory that as long as you have one good friend, one real friend, you can get through anything.

私には持論があるの。よき友、真の友人が１人いれば、どんなことも切り抜けられる。

デイナ・ラインハルト／アメリカ在住の作家

Vocabulary　□ theory（名）理論
　　　　　　　□ get through（困難など）を乗り切る

☺ １人でも自分の味方になってくれる人がいたら、どうにか生きていけるのではないかと私も思います。だから、いじめなどで自殺した子どもたちのニュースを聞く度に、彼らの傍に誰もいなかった事実に心が痛みます。

Everything is funny, as long as it's happening to somebody else.

他人に起こることだったら、何でもおもしろい。

ウィル・ロジャーズ／アメリカの俳優

Vocabulary　□ funny（形）おかしい

☺「他人の不幸は蜜の味」と似ています。文化や社会が違っても、人間の心理は同じなのですね。

225

69 unless you are unhappy
「〜でない限り」と条件を言う

You can't be happy **unless** you're unhappy sometimes.
時に不幸せでないと、本当に幸せにはなれない。

ローレン・オリバー／アメリカの作家

☺ 考えてみれば、全くその通り！　という名言です。人は常に幸せでいることを望みますが、いつも幸せだったら、幸せであることがわからなくなってしまいます。あるものを理解するには、相反するものの存在が必要なのですね。

文法の説明

「〜でない限り〜だ」と言うとき、「〜でない限り」と条件を表す節を、先頭に接続詞unlessをつけて表します。unless自体に「〜でない」と否定の意味があるので、notをつける必要はありません。unlessの後には「主語＋動詞」が続きます。

　unlessが文中にあるときは、後に続く節とワンセットになっています。例文では**unless** you're unhappy sometimes（時に不幸せでないと）が条件を表す節です。

> You can't be happy **unless** you're unhappy sometimes.
> 　　　　　　　　　unless＋主語＋動詞

unlessを使った他の名言

People rarely succeed **unless** they have fun in what they are doing.

人は自分のやっていることを楽しんでいなければ、めったに成功しない。

デール・カーネギー／アメリカの作家

Vocabulary
- rarely （副）めったに〜ない
- have fun 楽しむ
- what they are doing 彼らがしていること

😊 楽しんで仕事をしていなければ成功しないなら、お金や安定のためだけに就いた仕事で成功する確率は、かなり低くなるでしょう。就職活動中の学生に、声を大にして伝えたいメッセージです。

Knowledge is of no value **unless** you put it into practice.

知識は実行に移さない限り、何の価値もない。

チェーホフ／ロシアの劇作家

Vocabulary
- knowledge （名）知識
- of no value 価値がない
- put〜into practice 〜を実行する

😊 知識は、行動するための道具にすぎません。しかし現代は、ネットで膨大な知識や情報が手に入るため、その道具を手に入れること自体が目的になってしまっています。知識はそれを活用するためにあることを思い起こしましょう。

Stopping setting goals. Goals are pure fantasy **unless** you have a specific plan to achieve them.

目標を決めるのをやめよ。目標達成の具体的なプランがなければ、目標とは単なる絵空事にすぎないからだ。

スティーブン・コヴィー／アメリカの経営コンサルタント

Vocabulary
- [ ] set goals 目標を設定する
- [ ] pure （形）まったくの
- [ ] fantasy （名）(途方もない)空想
- [ ] specific （形）具体的な
- [ ] achieve （動）〜を成し遂げる

☺ 具体的なプランがなければ目標ではないというのは、大変有益なアドバイスですね。

　目標だけ決めて、実行プランを考えず、結局達成できずに終わってしまったことが何度もありました……。

70 so that you can be understood
「〜するように」と目的を言う

Don't write so that you can be understood, write so that you can't be misunderstood.

理解されようと思って、文章を書くな。誤解されないように書け。

ウィリアム・タフト／第27代アメリカ大統領

Vocabulary　□ misunderstand（動）〜を誤解する

☺ 読み手に自分の意図を100パーセント理解してもらうように書くのは難しいです。それよりは、少なくとも誤解されないように書くことを心がけたほうが、意図は確実に伝わりそうです。

文法の説明

「〜するように〜する」と言うとき、「〜するように」と動作の目的を説明する節の先頭にso thatをつけ、後に「主語＋can＋動詞の原形」を続けて表します。ただし、口語ではthatを省略することがよくあります。

例文ではso that you can be understood（理解されるために）が Don't write（書くな）の目的、so that you can't be misunderstood（誤解されないように）がwrite（書け）の目的

を表す節です。

> Don't write so that you can be understood.
> so that＋主語 ＋ can ＋ 動詞の原形

so that～canを使った他の名言

Learn the rules like a pro, so you can break them like an artist.

プロのようにルールを学べ。そしてアーティストのように、それを壊せるように。

パブロ・ピカソ／スペイン生まれの画家・彫刻家

Vocabulary □ break a rule 規則を破る

☺ 例文のsoの後にthatが省略されています。

　この名言を見たとき、日本の茶道・武道を会得し、創造するプロセスを表す言葉「守破離（しゅはり）」を思い出しました。同じことをスペイン人のピカソが語ったことがとても興味深いです。

Learn to say 'no' to the good so you can say 'yes' to the best.

「一番よいこと」に「イエス」と言えるように、「よいこと」に「ノー」と言うことを学びなさい。

ジョン・C・マクスウェル／アメリカのリーダーシップ開発の権威

☺ 例文のsoの後にthatが省略されています。すべての頼みごとを聞いていては、本当に大事なことにかける時間がなくなってしまいます。心に留めておきたい名言です。

10 whenやbecauseを使って長い文も言える！

Life sometimes separates people so that they can realize how much they mean to each other.

人生における別れは、時に相手がどれだけ大切な存在か、気づくために起きるのだ。

パウロ・コエーリョ／ブラジルの作家

Vocabulary
- □ separate（動）〜を引き離す
- □ realize（動）〜だとはっきり理解する
- □ mean to + 人（動）（人）にとって大事である
- □ each other　お互いに

☺ この言葉、心にしみます。本当は別れる前に、相手がいかに大切な存在かに気づくべきなのですが、実際はそうでないことのほうが多いのかもしれません……。

The most important thing is to try and inspire people so that they can be great in whatever they want to do.

最も大切なことは、その人がしたいと思うことが何であれ、そのことに抜きん出るように励まそうとすることだ。

コービー・ブライアント／アメリカのプロバスケットボール選手

Vocabulary
- □ inspire（動）〜を鼓舞する
- □ whatever they want to do
  彼らがしたいことが何であれ

☺ 親はたいてい、子どもに期待したことで抜きん出てほしいと願いがちです。この名言のように、親が子どもに接することができたら理想ですね。

71 whether you get up
「〜かどうか」と言う

It's not **whether** you get knocked down, it's **whether** you get up.
ノックダウンされるかどうかではない、大事なのは起き上がるかどうかだ。

ヴィンス・ロンバルディ／アメリカのプロのアメフトチームを率いた名将

Vocabulary　□ **get knocked down** ノックダウンされる

☺項目6にもリンカーンの同じような内容の名言がありました。日本の教育では「失敗しないように」と、「失敗＝悪」と教えられます。人生には失敗はつきもの、失敗からどう立ち直るかが大事だということを、アメリカの指導者はきちんと理解しているようです。

文法の説明

「〜かどうか〜だ」と言うとき、「〜かどうか」に当たる節を、**先頭に接続詞whetherをつけて表します**。whetherの後には「主語＋動詞」が続きます。同じ意味で口語ではifも使えますが、or notと共に使えるのはwhetherのみです。

例文では、**whether** you get knocked down（ノックダウンされるかどうか）、**whether** you get up（起き上がるかどうか）がwhetherの節です。

10 whenやbecauseを使って長い文も言える！

It's not whether you get knocked down.
　　whether＋主語＋動詞

whetherを使った他の名言

Happiness is a choice. You can choose to be happy. There's going to be stress in life, but it's your choice whether you let it affect you or not.

幸福とは選択です。幸せになれるかは選ぶことができるのです。人生にはストレスがつきもの。しかし、それに左右されてしまうかどうかは、あなたの選択なのです。

ヴァレリー・バーティネリ／アメリカの女優

Vocabulary
- choice（名）選択
- choose to do（動）〜することを選ぶ
- affect（動）〜に影響を及ぼす

☺ 例文のlet it affect youのitはstressを指しています。この名言では、幸せとは「幸せでいることを選択する意志」だと説いています。明日の朝起きたとき、「今日1日だけハッピーでいよう」と決心してみましょう。「今日1日だけ」と思ったら、できそうな気がしませんか？

You can tell whether a man is clever by his answers. You can tell whether a man is wise by his questions.

その人の頭のよさは、答え方でわかる。知恵があるかどうかは、質問でわかる。

ナギーブ・マフフーズ／エジプトの作家

Vocabulary　□ clever（形）頭がいい
　　　　　　　□ wise（形）賢い

☺ なるほど、よく考えてみると、そうですね。答え方で頭の回転の速さがわかります。一方、質問の内容は、質問する側の知識や経験、教養や判断力によってかなり変わるので、質問によって、その人の賢さがわかるわけですね。

Real integrity is doing the right thing, knowing that nobody's going to know **whether** you did it or not.
真の高潔さとは、正しいことをすること。あなたがしたかどうかなど、誰もわからないと知っていても。

オプラ・ウィンフリー／アメリカの女優・テレビ番組の司会者兼プロデューサー

Vocabulary　□ integrity（名）（道徳的に信頼できる）高潔さ

☺ 例文のknowingは「知りながら」という意味です。2つのことが同時に進行しているとき、「動詞の原形＋-ing」で「〜しながら」という意味を表します。

　I fell asleep watching TV.（テレビを見ながら寝てしまった）のように使います。

　人に見えるところで正しいことをするだけではなく、人が見ていないところでも、正しいことをすること。ぜひとも、これを目指したいですね。

10 whenやbecauseを使って長い文も言える！

72 that's why
理由を述べて「そういうわけで」と言う

Fashion is ultimately a form of self-expression. That's why I love trying out new things.

ファッションとは結局のところ、自分を表すものです。だから私は、新しい服を試すのが大好きなのです。

アシュリー・マデクウェ／イギリスの女優

Vocabulary
- ultimately（副）結局
- self-expression（名）自己表現
- try out 〜を試してみる

☺ ファッションとは自己表現。単に流行を追うことではありません。今着ている服に自分らしさが出ていますか？

文法の説明

前にあることの理由を述べた後、「そういうわけで」と後に文を続けるとき、that's whyで文を始めます。that's whyは、that's the reason why（「それが〜の理由です」）のthe reasonを省略した形です。that's whyの後には「主語＋動詞」が続きます。

例文では、Fashion is ultimately a form of self-expression.（ファッションとは結局、自己表現の形）が、I love trying out new thingsの理由を表し、That's why I love trying out new things.

235

（そういうわけで、私は新しい服を試すのが大好きなのです）となります。

> Fashion is ultimately a form of self-expression.
> 　　　　　　　　　　　　　　(理由)
> That's why I love trying out new things.
> that's why＋主語＋動詞

that's whyを使った他の名言

Yesterday is history, tomorrow is a mystery, today is God's gift, that's why we call it the present.

昨日はすでに過ぎたこと、明日のことなど誰にもわからない。今日だけが神からの贈り物。だから現在をpresentと言うのです。

ジョーン・リバーズ／アメリカのコメディアン

Vocabulary　□ call＋A（目的語）＋B（補語）（動）AをBと呼ぶ
　　　　　　　□ present（名）現在、贈り物

☺ that's why we call it the present の present に 2 つの意味（現在・贈り物）をかけているのに気づきましたか？ 気の利いた名言ですね。

Good taste is the modesty of the mind; that is why it cannot be either imitated or acquired.

趣味のよさとは、謙虚な心を持っていることなのです。だから真似したり、学習したりすることはできないのです。

デルフィーヌ・ド・ジラルダン／フランスの作家

10 whenやbecauseを使って長い文も言える！

Vocabulary
- good taste　趣味がよいこと
- modesty　(名)謙虚さ
- imitate　(動)〜を真似る
- acquire　(動)(能力・知識など)を身につける

☺ 趣味のよさとは、謙虚さだという説明は納得できます。「私！　私！」と主張するのは、趣味が悪く思えますから。

　しかし、趣味のよさは真似したり学習したりできないとなると、趣味の悪い人はどうすればいいのでしょうか……。

A lot of people are afraid to say what they want. That's why they don't get what they want.

多くの人は、自分が欲しいものを口に出すのを怖がっている。だから、欲しいものが手に入らないの。

マドンナ／アメリカの歌手

Vocabulary
- be afraid to do　怖くて〜できない
- what they want　彼らが欲しいもの

☺ 欲しいものがあったら、口に出さないとだめだということです。なぜ人は、欲しいものがあっても口に出さないのでしょうか？　自分自身のことを、自分が欲しいものに値しないと考えているからかもしれません。

73 otherwise
「そうでなければ」と仮定する

Never say 'no' to adventures. Always say 'yes', **otherwise** you'll lead a very dull life.

決して冒険に挑むことをやめてはならない。いつも冒険に立ち向かうのだ。そうしないと非常に退屈な人生を送ることになる。

イアン・フレミング／イギリスの作家

Vocabulary
- [ ] **lead a life** 人生を送る
- [ ] **dull** （形）退屈な

☺ 項目53でも、ヘレン・ケラーの「人生は恐れを知らぬ冒険か、または無か」という名言をご紹介しました。冒険を目の前にすると怖気づいてしまいますが、No adventures, no life. の精神で人生を送りたいものです。

文法の説明

前に言った文の内容と逆のことを仮定して、「そうでなければ〜だ」と言うとき、「そうでなければ」という意味でotherwiseを使います。otherwiseの後には後半の「〜だ」に当たる文（主語＋動詞）が続きます。

例文では、前にAlways say 'yes' (to adventures). （いつも冒険に立ち向かうのだ）と言っているので、otherwise（そうでな

ければ）は if you don't say 'yes' to adventures（冒険に立ち向かわなければ）という意味を表します。

> Always say 'yes', otherwise you'll lead a very dull life.
> = if you don't say 'yes'

otherwiseを使った他の名言

If you love someone, you say it, right then, out loud. Otherwise, the moment just passes you by.

誰かを愛しているなら、あなたの気持ちをすぐに、はっきりと伝えて。そうしないと、その瞬間は二度とめぐってきません。

ジュリア・ロバーツ／アメリカの女優

Vocabulary
- out loud 声を出して
- pass by ～を通り過ぎる

☺自分の気持ちを相手に素直に伝えられる瞬間は、二度とやって来ないかもしれません。愛する人がいるなら、自分の気持ちを伝えるチャンスを決して逃さないようにしてください。

You do have to follow your heart, otherwise you're living a false life.

心のおもむくままに生きることだ。そうしないと、嘘の人生を生きることになる。

エリック・メビウス／アメリカの俳優

Vocabulary
- follow your heart 自分の気持ちに従う
- false（形）偽りの

☺ You do have to...のdoは、動詞have toの意味を強調するために使っています。「頭」ではなく「心」に従って生きることが、真の人生を生きることなのですね。

We're here to put a dent in the universe. Otherwise why else even be here?
我々は、宇宙に何らかの痕跡を残すために生まれてきた。そうでなければ、他に何の理由で生まれてきたというのだ？

スティーブ・ジョブズ／アップル社の共同創業者

Vocabulary ☐ put a dent 跡を残す

☺「歴史に名を残す」ではなく、「宇宙に痕跡を残す」と言ったところが、ジョブズらしいと思います。

When it feels scary to jump, that's exactly when you jump. Otherwise you end up staying in the same place your whole life. And that I can't do.

跳ぶのが怖いと感じるとき、そのときがまさに跳ぶときなのだ。そうでなければ、一生同じ場所にとどまるはめになる。私にはそれが耐えられない。

J・C・チャンダー／アメリカの映画監督

Vocabulary ☐ scary （形）怖い
☐ exactly （副）まさしく
☐ end up doing 結局〜して終わる

☺「怖いと感じたときが、まさにその行動を起こすときだ」というメッセージは、一歩踏み出そうかどうか迷っているときに背中を押してくれますね！

関係詞だって
　　使える！

74 an amateur who didn't quit
whoを使って「人」を説明する

A professional writer is an amateur **who** didn't quit.
プロの作家とは、書くことをあきらめなかったアマチュアのことだ。

リチャード・バック／アメリカの飛行家・作家

Vocabulary □ quit（動）〜を断念する、やめる

☺「プロとはあきらめなかったアマチュアのこと」という定義には勇気づけられます。とにかく、あきらめずに続けることが大事なのです。

文法の説明

　関係代名詞とは、名詞の説明が長いとき「名詞」と「名詞の説明部分」をつなぐ役割を担う語です。

　関係代名詞を使うときの3つの確認事項です。

① 「説明する名詞（先行詞）」と「説明部分」の確認

　名詞の説明部分が長いとき、英語では「名詞＋説明部分」の順で言います。「書くことをあきらめなかったアマチュア」は「アマチュア＋書くことをあきらめなかった」の順で言います。

② 先行詞が「人」あるいは「もの」かの確認

　先行詞がan amateur（アマチュア）という「人」を表す語な

11 関係詞だって使える！

のでwhoを使います。
③ 先行詞が説明部分とどのようにつながるかの確認
「アマチュア＋（彼は）書くことをあきらめなかった」と考え、（彼は）の部分に主格の関係代名詞whoを使い、an amateur who didn't quit（書くことをあきらめなかったアマチュア）と言います。

an amateur ― he didn't quit
↓
A professional writer is an amateur who didn't quit.
　　　　　　　　　　　先行詞（人）＋who＋動詞

whoを使った他の名言

Anyone who stops learning is old, whether at 20 or 80. Anyone who keeps learning stays young. The greatest thing in life is to keep your mind young.

学ぶことをやめたら、人は年を取る。20歳であれ80歳であれだ。学び続けることが、若さの秘訣だ。人生で最も大切なことは、精神を若く保つことだ。

ヘンリー・フォード／フォード・モーターの創業者

Vocabulary　□ anyone（肯定文で）誰でも
　　　　　　　□ keep your mind young 精神を若く保つ

☺ 時計を巻き戻して若い頃に戻ることはできませんが、新しいことを学び始めて、精神を若返らせることは何歳になってもできます。今日から新しいことを始めてみませんか？

243

The man **who** has no imagination has no wings.
想像力のない奴に、翼は持てない。

モハメド・アリ／アメリカの元プロボクサー

☺元プロボクサーらしからぬ言葉なので、彼のことを調べてみました。モハメド・アリは、大男による力任せの殴り合いだったヘビー級ボクシングに、彼独自のファイトスタイルを持ち込み、新しい風を吹き込んだのです。

　トレーナーはこの「蝶のような華麗なフットワークと蜂(はち)のように鋭い左ジャブ」をFloat like a butterfly, sting like a bee. と表現し、2人は試合前にこのフレーズを叫ぶパフォーマンスを見せたそうです。

A friend is someone **who** knows all about you and still loves you.
友人とはあなたのことをすべて知っていて、それでもあなたを大切に想ってくれる人だ。

エルバート・ハバード／アメリカの作家・教育者

☺素(す)の自分を愛してくれる人をこれからも大事にしたいし、私も家族や友人に対して、そうありたいと思います。

75 a business that makes nothing but money
thatを使って「もの」を説明する

A business **that** makes nothing but money is a poor business.

お金しか生み出さない企業は、お粗末な企業だ。

ヘンリー・フォード／フォード・モーターの創業者

Vocabulary　□ business（名）企業
　　　　　　　□ nothing but ただ〜のみ

☺ ヘンリー・フォードの経営理念は、企業は利潤を獲得するために存在するのではなく、社会に奉仕するために存在するという考えに基づいていました。彼の経営理念を端的に表す名言です。

文法の説明

関係代名詞を使うときの3つの確認事項です。

①「説明する名詞（先行詞）」と「説明部分」の確認

「お金しか生み出さない企業」は「企業＋お金しか生み出さない」の順で言います。

② 先行詞が「人」あるいは「もの」かの確認

先行詞がa business（企業）という「もの」を表す語なのでthatを使います。

③ 先行詞が説明部分とどのようにつながるかの確認

「企業＋（それは）お金しか生み出さない」と考え、（それは）の部分に主格の関係代名詞thatを使い、a business **that** makes nothing but moneyと言います。

> a business — it makes nothing but money
> ↓
> A business **that** makes nothing but money is a poor business.
> 先行詞（もの）＋that＋動詞

学校英語では、先行詞が「もの」を表す語のとき、関係代名詞whichを使うと習いましたが、実際は多くの場合thatを使います。

thatを使った他の名言

Do one thing every day **that** scares you.
毎日１つ、怖いと思うことをしなさい。

エレノア・ルーズベルト／第32代アメリカ大統領フランクリン・ルーズベルトの夫人

Vocabulary ☐ scare（動）〜を怖がらせる

☺皆さんにとって怖いこととは何でしょうか？

人前で話すこと、自分の気持ちを正直に言うことなど、人によってさまざまだと思います。

今日から毎日怖いと思うことを１つずつやってみませんか。何かが大きく変わり始めるかもしれません!?

11 関係詞だって使える！

Optimism is the faith that leads to achievement. Nothing can be done without hope and confidence.

楽観主義とは、物事を成し遂げられるという信念です。希望と自信なくして、何も達成できません。

ヘレン・ケラー／アメリカの教育家・社会福祉事業家

Vocabulary
- optimism（名）楽観主義
- faith（名）信念
- lead to（動）〜に導く
- achievement（名）達成
- confidence（名）自信

☺ ヘレン・ケラーは視覚と聴覚の障害を持っていながら、世界各地を歴訪し、障害者の教育・福祉の発展に尽くしました。これを実行できたのは、きっとうまくいくだろうという単純な楽観主義からではなく、希望と自信に裏打ちされた信念があったからなのでしょう。

Everything that is happening at this moment is a result of the choices you've made in the past.

今この瞬間に起きていることはすべて、これまでにあなたが行ってきた選択の結果なのだ。

ディーパック・チョプラ／インド生まれの医学博士

Vocabulary
- at the moment 今
- result（名）結果

☺ 人生、1秒1秒が選択の連続です。今の自分に楽な選択ではなく、将来自分のためになることを進んで選択するよう心がけたいです。

247

76 the shots you don't take
関係代名詞を省略して「もの」を説明する

You miss 100% of **the shots you don't take**.

打たないシュートは、100パーセントはずれるんだ。

ウェイン・グレツキー／カナダの元プロアイスホッケー選手

☺ 言われてみれば当然のことですが、やらなければいつまで経っても、成功する確率はゼロのままです。成功したければ、まずやるしかない！

文法の説明

関係代名詞を使うときの3つの確認事項です。

①「説明する名詞（先行詞）」と「説明部分」の確認

「あなたが打たないシュート」は「シュート＋あなたが打たない」の順で言います。

② 先行詞が「人」あるいは「もの」かの確認

先行詞がthe shots（シュート）という「もの」を表す言葉なのでthatを使います。

③ 先行詞が説明部分とどのようにつながるかの確認

先行詞the shotsはtakeの目的語です。「シュート＋（それらを）あなたが打たない」と考えます。（それらを）の部分に目

的格の関係代名詞thatを使い、the shots **that** you don't takeと言います。目的格の関係代名詞は省略できるので、例文ではthe shots you don't takeとなっています。

the shots — you don't take them

You miss 100% of the shots (that) you don't take.
先行詞（もの）+ (that) + 主語 + 動詞

関係代名詞を省略した文を使った他の名言

Love the life you live. Live the life you love.
自分が生きている人生を愛せ。自分の愛する人生を生きろ。

ボブ・マーリー／ジャマイカのレゲエ歌手

☺ 例文では、the life that you live、the life that you loveのthatを省略しています。love、liveと音が似ている単語と、同じ構文を使い、リズムが合って覚えやすい名言です。簡単な文ですが、ボブ・マーリーの信念が簡潔に述べられていますね。

In any moment of decision, the best thing you can do is the right thing, the next best thing is the wrong thing, and the worst thing you can do is nothing.
決断を下すときにはいかなる場合でも、あなたができる最善のことは正しいことをすること、次によいことは間違ったことをすること、あなたができる最悪なことは何もしないこと。

セオドア・ルーズベルト／第26代アメリカ大統領

Vocabulary ☐ decision（名）決断

☺例文では、the best thing that you can do、the worst thing that you can doのthatを省略しています。

　結局何もしないことが最低の選択だということです。

　the next best thing is the wrong thingという表現が、私はおもしろいと思いました。

Everything you can imagine is real.
想像できることはすべて現実なのだ。

パブロ・ピカソ／スペイン生まれの画家・彫刻家

☺例文では、Everything that you can imagineのthatを省略しています。

　想像できなければ、実現などできない。まずは自分が望む現実を、想像することから始めましょう！

# 77 what you earn
whatを使って「〜すること」と言う

You make a living by **what** you earn; you make a life by **what** you give.

人は稼いだもので生計を立てる。与えるもので人生を創る。

ウィンストン・チャーチル／第61、63代イギリス首相

Vocabulary　□ make a living　生計を立てる
　　　　　　　□ earn　(動)（お金）を稼ぐ

☺ 例文のyouは「あなた」という意味でなく、「一般的な人」を表しています。口語では通常一般的な人を表すときyouを使います。

　you make a life by what you give が素晴らしい。シンプルですが、強烈な印象を残す名言です。

文法の説明

「人が稼ぐもの」「人が与えるもの」のように、「〜もの・こと」と言うとき、関係代名詞whatを使います。

このwhatはthe thing(s) thatと同じで、先行詞the thing(s)を含む関係代名詞です。

関係代名詞を使うときの3つの確認事項です。

① 「説明する名詞（先行詞）」と「説明部分」の確認

「人が稼ぐもの」は「もの＋人が稼ぐ」の順で言います。

② 先行詞が「〜もの・こと」のときはwhatを使う

「〜もの・こと」と言うときには先行詞を含んだ関係代名詞whatを使います。

③ 先行詞が説明部分とどのようにつながるかの確認

「もの＋（それを）人が稼ぐ」と考えます。「もの＋（それを）」の部分に関係代名詞whatを使い、**what** you earnと言います。

> the thing(s) that you earn
> ↓
> You make a living by **what** you earn.
> what＋主語＋動詞

whatを使った他の名言

Time is **what** we want most, but **what** we use worst.

時間とは私たちが一番欲しいと思うものだが、使い方が一番下手なものだ。

ウィリアム・ペン／植民地時代のアメリカでペンシルベニア州を整備した人物

☺ 300年以上前の名言ですが、多忙なのに、気がつくとスマートフォンで無駄な時間を過ごしている現代人にも、有効な戒めだと思います。

Be thankful for what you have; you'll end up having more. If you concentrate on what you don't have, you will never, ever have enough.

持っているものに感謝しましょう。すると、もっと多く持てるようになります。持っていないものを意識することで、十分に持てるようになることは決してありません。

オプラ・ウィンフリー／アメリカの女優・テレビ番組の司会者兼プロデューサー

Vocabulary
- thankful for（形）〜に感謝している
- end up doing 結局〜になる
- concentrate on（動）〜に集中する

☺ 私たちは「持っていないもの」に意識を向けがちですが、健康、家族、友人、仕事など「すでに持っているもの」に素直に感謝できるようになりたいです。

We are what we repeatedly do; excellence, then, is not an act but a habit.

人は繰り返し行うことにより、つくられる。だから、すぐれているというのは行動ではなく、習慣なのだ。

アリストテレス／ギリシャの哲学者

Vocabulary
- repeatedly（副）繰り返して
- excellence（名）優秀さ
- act（名）行動
- habit（名）(個人の)習慣

☺「人は習慣によってつくられる」とは、うまい説明ですね。皆さんはどんな習慣がご自分をつくっていると思いますか？

78 where you are
whereを使って「〜する場所」と言う

Start **where** you are. Use what you have. Do what you can.

自分が今いる場所で、自分が持っているものを使って、自分ができることをしなさい。

アーサー・アッシュ／アメリカのテニス選手

☺ 結局は自分ができることから始めるしかない。夢物語を描いても仕方がない。今できることから始めましょう！

文法の説明

「自分が今いる場所」のように、「場所を表す名詞」の説明部分が長いとき、関係副詞whereを使います。

関係副詞whereを使うときの2つの確認事項です。

① 「説明する場所を表す名詞（先行詞）」と説明部分の確認

「自分が今いる場所」は「場所＋自分が今いる」の順で言います。

② 先行詞が説明部分とどのようにつながるかの確認

「場所＋（そこに）自分が今いる」と考え、（そこに）の部分に関係副詞whereを使い、the place **where** you areと言います。

　Start at the place **where** you are.（自分が今いる場所で始めな

さい）のat the placeは文脈から推測できるので通常省略し、Start **where** you are.と言います。関係副詞whereの後には「主語＋動詞」が続きます。

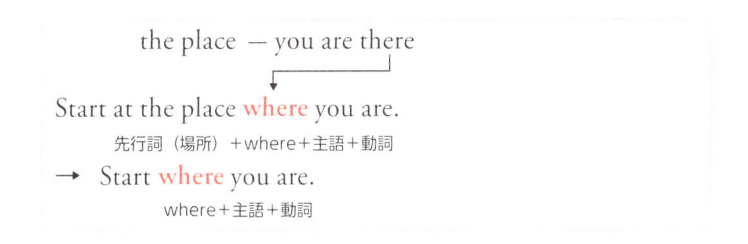

the place ― you are there

Start at the place where you are.
　　先行詞（場所）＋where＋主語＋動詞
→　Start where you are.
　　　　where＋主語＋動詞

whereを使った他の名言

Where there is a will, there is a way.
意志のあるところに、道はできる。

英語のことわざ

Vocabulary □ will（名）意志

☺「精神一到、何事か成らざらん」の英語バージョンです。

Do not go where the path may lead, go instead where there is no path and leave a trail.
道が続くところに行くな。代わりに道のないところを行き、跡を残すのだ。

ラルフ・ワルド・エマーソン／アメリカの思想家・哲学者

Vocabulary □ path（名）小道
　　　　　　□ instead（副）代わりに
　　　　　　□ trail（名）通った跡

☺個人的に大好きな名言です。せっかく生まれてきたのですから、行きた証として社会に何か残したいと思います。

If you don't know where you are going, every road will get you nowhere.
行き先がどこかわからなければ、どの道を行っても、どこにもたどり着けない。

ヘンリー・キッシンジャー／アメリカの国際政治学者

Vocabulary □ get you nowhere
　　　　　　　あなたをどこにも連れて行かない

☺これも納得の名言ですね。行き先も知らずに、ただ皆が歩いているからといってついて行っても、迷ってしまうでしょう。まずは行き先を決めないと！

79 whoever is happy
whoeverを使って「～は誰でも」と言う

11 関係詞だって使える！

Whoever is happy will make others happy too.
幸せな人は誰でも、他の人をも幸せにするの。

アンネ・フランク／『アンネの日記』の著者

☺「自分が幸せでなければ、人を幸せにできない」── この真理を10代の少女が理解していたなんて驚きです。

文法の説明

「～は誰でも」と言うとき、関係代名詞whoeverを使います。whoeverはanyone whoと同じで、先行詞anyoneを含む関係代名詞です。anyone who is happy（幸せな人は誰でも）のanyone whoをwhoeverに代えて、**whoever** is happyと言います。

anyone who is happy
　↓
　Whoever is happy will make others happy too.

whoeverを使った他の名言

Fashion allows you to be **whoever** you want to be.
ファッションを変えることで、なりたい人間になれる。

ブラッド・ゴレスキ／カナダのスタイリスト・テレビタレント

Vocabulary　☐ allow + 人 + to do
　　　　　　　　　(動) 人が〜することを可能にする

☺ファッションによって、簡単に外見を180度変えることができます。そして外見を変えることで、中身を変えることも可能かもしれません。

Whoever is careless with the truth in small matters cannot be trusted with the important matters.
ささいなことであっても、真実に対して無頓着な人には、重要な問題を任せられない。

アルベルト・アインシュタイン／ノーベル物理学賞受賞の物理学者

Vocabulary　☐ careless（形）無頓着な
　　　　　　　☐ matter（名）問題
　　　　　　　☐ trust（動）〜を信用する

☺問題の大小にかかわらず、真実に対して、終始一貫して誠実に向き合わない人を信用することはできません。

11 関係詞だって使える！

Give whatever you are doing and whoever you are with the gift of your attention.

今あなたがしていること、今あなたが一緒にいる人に、あなたの全神経を集中させなさい。

ジム・ローン／アメリカの実業家

Vocabulary
- [ ] gift of your attention
     あなたの注意力を向けるという贈り物

☺ 文型が少々難しいかもしれません。目的語を2つ取る動詞giveについては項目23で取り上げました。「give＋A＋B」のAに当たるのはwhatever you are doingとwhoever you are with、Bに当たるのはthe gift of your attentionです。「今・ここ（here and now）」に集中することの大切さを訴えている名言です。

Whoever loves becomes humble. Those who love have, so to speak, pawned a part of their narcissism.

愛する人がいると、誰でも謙虚になる。言ってみるならナルシシズムの一部を、質屋に入れてしまったからだ。

ジークムント・フロイト／オーストリアの精神科医

Vocabulary
- [ ] humble （形）謙虚な
- [ ] those who love 愛する人
- [ ] so to speak 言ってみるなら
- [ ] pawn （動）〜を質に入れる
- [ ] narcissism （名）ナルシシズム

☺ 愛する人ができたら、その人の気持ちに敏感になるので、謙虚になるということでしょうか。とにかく、愛する人が存在することは素晴らしいことです。

80 whatever you do
whateverを使って「〜は何でも」と言う

Whatever you do in life, surround yourself with smart people who'll argue with you.

人生においてあなたが何かをするときは、どんなことであれ、あなたに反論できるような賢い人を周りに集めなさい。

ジョン・ウッデン／アメリカの元バスケットボールコーチ

Vocabulary
- surround A with B （動）AをBで囲む
- argue with （動）〜と言い争う

☺ 周りにイエスマンだけを揃えているリーダーは、どう考えてもまずいですよね。

文法の説明

「〜は何でも」と言うとき、関係代名詞whateverを使います。whateverはanything thatと同じで、先行詞anythingを含む関係代名詞です。what you doは「あなたがすること」という意味ですが、whatever you doは「あなたがすることは何でも」という意味を表します。

同様に、what happens to youは「あなたに起こること」ですが、whatever happens to youは「あなたに起こることは何でも」という意味になります。

anything that you do in life
　　　↓
　Whatever you do in life, surround yourself with smart people who'll argue with you.

whateverを使った他の名言

Whatever the mind of man can conceive and believe, it can achieve.
人間の頭で想像し、信じることは何であれ、達成できる。

ナポレオン･ヒル／アメリカの作家

Vocabulary　□ conceive（動）（考え・意見など）を抱く
　　　　　　　□ achieve（動）〜を成し遂げる

☺ 成功哲学の祖であり、『頭を使って豊かになれ（思考は現実化する）(Think and Grow Rich)』の著者として有名なナポレオン・ヒルの言葉です。

　この本の執筆のきっかけをご存じですか？

　世界の鉄鋼王アンドリュー・カーネギーに、「500名以上の成功者の研究をして、成功哲学を体系化してくれないか」と頼まれたからです。そして20年かけてできたのが、この本なのです。

You're not supposed to feel down over whatever happens to you. I mean, you're supposed to use whatever happens to you as some type of upper, not a downer.

たとえどんなことが身に降りかかろうと、落ち込んではいけない。何が起ころうと、それによって自分を元気づけなければならない。落ち込む原因にしてはならないのだ。

ボブ・マーリー／ジャマイカのレゲエ歌手

Vocabulary　□ be supposed to do　〜することになっている

　　　　　　　□ downer（名）気分を落ち込ませるもの

　　　　　　　　⇔ upper（名）元気づけるもの

☺自分の身に降りかかるよいことも悪いこともすべて、自分を元気づけるものとするには、かなりの修行が必要でしょう。

Somebody should tell us, right at the start of our lives, that we are dying. Then we might live life to the limit, every minute of every day. Do it! I say. Whatever you want to do, do it now! There are only so many tomorrows.

誰かが言わなければならぬ。私たちは生を受けたその瞬間から、死に向かっているのだと。だから、命の限界まで生きなければならぬ。日々の瞬間、瞬間をだ。今するのだ！　やりたいことがあるならどんなことでも、今しなさい！　未来は限られている。

パウロ6世／第262代ローマ教皇

Vocabulary　□ only so many　限られた数の

☺頭では理解していても、感情レベルでは理解が難しいことですね。確実に明日は来ると思いがちですが、明日を迎えられない可能性はゼロではありません。人生でやりたいことは、今すぐ始めるべきなのです。

あとがき

　本書を最後まで読んでいただき、心よりお礼を申し上げます。気に入った名言は見つかりましたか？

　私はこの本を書くために数多くの名言に目を通しましたが、あらためて言葉の持つ深みと豊かさに気づかされました。名言が私たちの心を揺さぶるのは、言葉の使い方の巧さだけでなく、名言を語ったそれぞれの人物の、信念に沿ったぶれない生き方が、私たちの心に直に響くからだと思います。

　名言との出会いが人の人生を大きく変えることがあると、私は信じています。

　実際、私の人生初の大きな決断を後押ししてくれたのは、ヘレン・ケラーの言葉でした。

　私は大学卒業後、高校の英語教師になりましたが、英語の授業内容に疑問を持ち、悶々とした日々を送っていました。教師を辞めて、アメリカの大学院に留学すべきかどうか迷っていたとき、私の背中を押してくれたのが次の名言です。本書の項目53で最後の一節をご紹介しました。

Security is mostly a superstition. It does not exist in nature, nor do the children of men as a whole experience it. Avoiding danger is no safer in the long run than outright exposure. Life is either a daring adventure, or nothing.

　安全とは多くの場合、思い込みにすぎないのです。実際、

安全というものは存在せず、子どもたちも、誰一人として安全とは言えません。長い目で見れば、危険を避けるのも、危険に身をさらすのと同じくらい危険なのです。人生は恐れを知らぬ冒険か、または無かのどちらかです。

ヘレン・ケラー

　自分の障害をものともせず、障害者のために精力的に活動したヘレン・ケラーの、「危険を避けるのも、危険に身をさらすのと同じくらい危険」「人生は恐れを知らぬ冒険か、または無かのどちらかだ」という言葉に衝撃を受け、私はアメリカの大学院留学を決意しました。これは私の人生の中で、最良の決断だったと信じています。

　留学から帰国した後も、しばしば人生の重大な選択を迫られました。そうしたとき、なぜかいつも、ずっと先まで見通せる道ではなく、道の先に曲がり角があり、その先は見通せない道を選んできました。

　それは中学生のときに夢中になって読んだ『赤毛のアン』の次の言葉に、知らず知らず影響を受けていたのかもしれません。

Now there is a bend in it. I don't know what lies around the bend, but I'm going to believe that the best does.
いま曲がり角にきたのよ。曲がり角を曲がった先に何があるのかは、わからないの。でも、きっと一番よいものに違いないと思うの。

『赤毛のアン』ルーシー・モンゴメリ著 村岡花子訳

人生、すべて見えてしまったらつまらない、曲がり角の先に何が待っているのだろうというドキドキ感を味わいたいという私の生き方は、『赤毛のアン』やヘレン・ケラーの言葉との出会いによってつくられたのかもしれません。

　本書を手に取られた方は、英語に興味を持ち、知的好奇心が旺盛な方のはずです。英語を習得する道は、決して平坦ではありません。ずっと先まで見通せるような一本道でもありません。その道には所々に曲がり角があり、その先は見えないことも多いでしょう。

　ただ、私が自信を持って言えることは、角を曲がったところには、それまで知らなかった新しい世界が待っているということです。その世界は皆さんの視野を広げ、新たな可能性を導き出してくれることでしょう。

　語学の習得には、強い意志の力が必要です。ときに挫折しそうになるかもしれません。そのときは本書で出会った名言を思い出し、気持ちを奮い立たせて、再び英語に向かっていただきたいと思います。

　最後に、本書の出版に際して、幻冬舎の四本恭子さんには大変お世話になりました。四本さんには前著『英語を学ぶのは40歳からがいい』（幻冬舎新書）のときから数々の貴重な助言をいただきました。改めて感謝申し上げます。

　2016年1月

菊間ひろみ

参考文献

- 『世界のトップリーダー英語名言集 BUSINESS』
  デイビッド・セイン／佐藤淳子著、Jリサーチ出版
- 『心に響く英語名言集　世界の女性編』
  デイビッド・セイン／小松アテナ著、Jリサーチ出版
- 『ビジネスに効く英語の名言名句集』森山進著、研究社
- 『音読したい英語名言300選』田中安行監修／英語名言研究会編著、中経出版
- 『世界の女性名言辞典』PHP研究所
- 『音読王　心にきざむ英語の名文』井上一馬著、小学館
- 『NHKギフト〜E名言の世界〜　英語で味わう名言集―心に響く古今東西200の言葉』ロジャー・パルバース著、NHK出版
- 『赤毛のアン』ルーシー・モンゴメリ著／村岡花子訳、新潮社

- The Oxford Dictionary of 20th Century Quotations, Oxford University Press
- The New International Dictionary of Quotations, Signet
- The Daily Book of Positive Quotations, Linda Picone, Fairview Press
- Bartlett's Familiar Quotations, John Bartlett, Little, Brown and Company
- The Last Word: A Treasury of Women's Quotes, Carolyn Warner, Five Star Publications, Inc.
- 1001 Smartest Things Ever Said, Steven Price, Lyons Press
- Great Quotes from Great Leaders (Great Quotes Series), Peggy Anderson, Career Pr Inc.
- Steve Jobs, Walter Isaacson, Simon & Schuster
- The Complete Anne of Green Gables Boxed Set 8 Volumes, L.M. Montgomery, Bantam Books

- http://www.brainyquote.com/
- http://www.goodreads.com/quotes
- http://www.quotesandsayings.com/
- https://www.great-quotes.com/
- http://quotationsbook.com/
- https://www.wikipedia.org/

※上記以外にもさまざまな文献を参考にさせていただきました。

〈著者略歴〉

菊間ひろみ（きくま・ひろみ）

茨城大学人文学部人文学科英文科卒業（英語学専攻）。ロータリー財団奨学生として米国ペンシルベニア州立大学大学院でTESL（第二言語としての英語教授法）を学ぶ。現在は株式会社オーティーシーの主任コーディネーターとしてTOEIC教材の開発、大手企業や大学向けにTOEIC及び英会話の研修を担当。英検1級、TOEIC 990点（満点）。『英語を学ぶのは40歳からがいい』（幻冬舎新書）、『新テスト対応!! これだけ! TOEICテスト総合対策 初めて〜650点』『でる順! TOEICテスト英単語』（ともにあさ出版）など著書多数。

名言だけで英語は話せる！
2016年2月10日　第1刷発行

著　者　菊間ひろみ
発行人　見城　徹

発行所　株式会社 幻冬舎
　　　　〒151-0051　東京都渋谷区千駄ヶ谷4-9-7

電話　03(5411)6211(編集)
　　　03(5411)6222(営業)
　　　振替00120-8-767643
印刷・製本所　株式会社 光邦

検印廃止

万一、落丁乱丁のある場合は送料小社負担でお取替致します。小社宛にお送り下さい。本書の一部あるいは全部を無断で複写複製することは、法律で認められた場合を除き、著作権の侵害となります。定価はカバーに表示してあります。

© HIROMI KIKUMA, GENTOSHA 2016
Printed in Japan
ISBN978-4-344-02891-3　C0095
幻冬舎ホームページアドレス　http://www.gentosha.co.jp/

この本に関するご意見・ご感想をメールでお寄せいただく場合は、
comment@gentosha.co.jpまで。